백년꽃 피는 연자못

백년꽃 피는 연자못

진성구 제3수필집

지성의샘

책을 내며

인생의 간이역에서

　80년이 넘은 삶의 간이역에서 주어진 인생을 잘 살아왔는지 지친 영혼과 고달픈 육신에게 물어본다. 사막같이 건조한 영혼은 쓸쓸한 미소를 보이고 몇 가닥 남지 않는 은발로 뒤덮인 머리카락 아래 넓게 터를 잡은 주름살만 남아 있다.
　나름대로는 행복과 기쁨 속에서 알찬 열매를 맺고 별 후회 없이 떠나기를 기대했었다. 누구나 인간으로 태어났으면 참되고 가치 있게 살아야 할 사명을 준 것이 신의 뜻일 텐데 생각과는 달리 무엇에 쫓기 듯 엄벙덤벙 살아온 것 같아 후회가 든다.
　세상에 비친 나의 모습을 쳐다볼 어떤 도량형과 같은 잣대가 없다. 혹여나 가슴에 와닿는 것은 80년 시간 속에 고난으로 피폐해졌다는 것이다.
　자갈길에 떨어진 민들레 씨앗처럼 깊게 뿌리 내리지 못하고 오가는 사람들의 발길질에 채이고 채여 상처 입는 모습으로 꽃을 피운 것과 다름없는 삶이었다.
　생존을 위해 허우적거리던 가난과 일제의 식민지, 전쟁과 사건들을 몸으로 부딪치던 시절이 왜 나의 삶의 시간이었는지. 태어난 자체를 원망하기도 했다.

 수많은 고통과 시련 속에 한 여자를 만나 사랑하고, 아이들에게는 행복한 시간을 남기기 위해 부단한 노력을 했다. 아이들은 나에게 세상에서 가장 사랑스러운 꽃들이다.

 바람에 흩날리는 낙엽이 창가에 수북이 쌓여간다. 제 자리에서 퇴색되어 사라지는 것들을 바라보며 그것이 한 생의 길이고 삶이었다는 것을 느끼게 한다.

 내 고향 납읍, 백년 꽃이 피는 연자못처럼 백 년을 살고자 했던 것은 아니다. 주어진 시간만큼 머물다가 떠나는 철새들처럼 이제 먼 길을 떠날 채비를 한다. 그냥 갈 수는 없지 않은가. 살아오면서 겪었던 순간들을 기록으로 정리하면서 지난 세월을 음미해본다.

 내가 지나온 세상의 시간은 아름다웠지만, 외로움 또한 가득한 곳이었다. 결국은 혼자가 되어 훌훌 떠나야 하는 허허로움, 길고 긴 인생의 여정인 것을.

2022년 11월 납읍 누옥에서. 진성구

CONTENTS

· 책을 펴내며 – 인생의 간이역에서   4

1. 뜰 앞 감나무 두 그루

가을 풍경	14
아침의 무화과나무	16
신낭정 쉼터	19
한라산은 어머니의 품	20
제주의 삼도리 정신	24
장마철 풍경	27
매미	30
거미	32
숲길 속의 야생화	35
허허, 내가 그랬구나	38
뜰 앞 감나무 두 그루	41
용두암 망원대에서	44
몽돌 이야기	47

2. 꿈에 본 어머니

어성 살아봐사 허주	52
어린 영혼 홀로 남던 그 날	56
꿈에 본 어머니	60
병원 침상에서	61
요양원으로 간 소꿉친구	64
돌봄이에게	67

CONTENTS

물가의 수양버들	70
육신이라는 동행자	71
꼰대	74
고독한 예술인	78
해안도로의 우동집	81
구엄 앞바다의 조약돌	85
권력의 속살	88

3. 봄이 오는 노래

소꿉장난	94
기다림	98
봄이 오는 노래	100
바람은 자연의 숨소리인가	102
성실의 의미	104
하늘 나는 새	107
참 인간	110
세월	113
숯덩이가 된 고구마	115
암창개 할망	118
시험	123
인간허세人間虛勢	125
먹이 사슬	127

CONTENTS

4. 백년꽃 피는 연자못
제주 아낙네	134
백년꽃 피는 연자못	135
움직임에는 소리가 있다	140
개팔자	143
토끼 이야기	145
매미와 지렁이	149
질경이	152
가을 여행	153
난계 민속관을 돌아보며	157
추억의 태국 여행	160

5. 단편소설
효자동아 자장가	166

제1부

뜰 앞 감나무 두 그루

가을 풍경 / 아침의 무화과 나무
신낭정 쉼터 / 한라산은 어머니의 품
제주의 삼도리 정신 / 장마철 풍경 / 매미
거미 / 숲길 속의 야생화 / 허허, 내가 그랬구나
뜰 앞 감나무 두 그루 / 용두암 망원대에서
몽돌 이야기

가을 풍경

　가을 추수가 끝났다. 황금물결 출렁이던 들녘은 털을 깎아 낸 양처럼 맨몸을 드러내고 있다. 농사일로 생계를 이어가는 농민들에게 가을은 풍성한 계절이다.
　가을 햇볕 내리쬐던 날, 초가집 앞마당에는 노란 조가 널려 있고, 또 다른 덕석에는 밭벼와 고추가 자리하고 있다. 하얀 수건을 머리에 질끈 두른 할머니가 축담 밑에 앉아 긴 족댓잎 달린 막대를 잡고 새들을 쫓으며 둠비콩을 까고 있다. 늙은 몸으로 두 가지 일을 하려니 쉽지 않은 듯 앉았다 일어서기를 반복한다.
　마당 앞 감나무에는 홍시가 주렁주렁 매달려 소슬바람에 흔들리고 있다. 멀리서 작박구리들이 찾아와 익은 감을 쪼아 먹으며 짹짹거린다. 주인댁 할머니가 지붕으로 올라가는 줄을 매주어서 호박은 무럭무럭 익어가고 있다.
　누런 조가 널려 있는 덕석에 가을 병아리들이 모여들었다. 어미 닭 따라 오종종 들어와 덕석을 휘젓고 있다. 먹이 쪼아 먹는 방법을 체험하기를 어미는 바라고 있을 것이다. 한쪽 덕석에 널려 있는 밭벼에는 통통한 비둘기들이 뒤뚱거리며 모여 잔치를 벌이고 있다. 초가집 마당에는 그들이 먹을 양식이 산더미와 같다.

둠비콩을 까고 있던 할머니가 허리를 펴고 일어서서 막대를 휘두른다. 어미 닭은 덕석 밖으로 쫓겨 나가며 병아리들을 향해 꼬꼬댁 소리를 지른다. 주인 할머니가 야단을 치니 빨리 밖으로 나오라고 병아리들을 부른다. 병아리들은 들은 척하지 않고 돌아다닌다. 어미 닭은 덕석으로 들어가지 않고 주위를 맴돌며 애가 탄 모습이다.

옆 덕석의 비둘기들은 반응이 없다. 할머니가 앉아 있는 곳에서 막대기는 닿지 않는다는 걸 아는 듯이 미동도 하지 않는다. 할머니가 일어서는 것을 보고는 살짝 덕석에서 벗어난다. 다음에는 할머니가 다시 제자리에 앉는다는 것을 알아채기라도 하는 양.

시골 할머니는 바쁘다. 조 덕석, 벼 덕석, 고추가 널려 있는 덕석, 감을 쪼아 먹는 새들을 향해 훠-이 훠-이 두 팔을 벌려 쫓는 시늉을 하지만 잠시 물러나 있던 새들과 병아리, 비둘기들은 다시 덕석으로 모여드니 할머니의 허리는 쉴 틈이 없다.

가을 추수는 사람들의 일만이 아니다. 살아있는 자연계의 동식물들이 바쁘고 부산하다.

아침의 무화과나무

    창문을 두드리는 소리에 잠에서 깼다. 새벽녘에 나를 찾는 이가 있을 리가 없을 것이지만, 혹시나 하는 마음이 앞섰다. 주섬주섬 잠자리를 정리하고 창가로 다가갔다. 무화과나무 늘어진 가지가 바람이 불 때마다 유리창을 때리고 있다. 오래전 심어놓은 나무가 이렇게 성장해서 열매를 맺고 그늘진 주변에 가지를 치고 있다. 아무런 생각 없이 심어놓은 무화과나무가 이제는 나의 아침을 깨우는 존재가 됐다는 것이 흐뭇하다.

    무화과나무는 나의 의지대로 심은 소유물에 불과하다. 언젠가 마을 길을 지나가다 이웃집 담벼락 넘어 잘 익은 무화과의 열매가 얼마나 달콤하게 느껴졌던지, 그 유혹에 넘어가 엉겁결에 손을 내밀어 몰랑몰랑한 열매를 따고 말았다. 껍질을 벗길 필요도 없이 입안으로 집어넣었다. 부드러우면서도 달짝지근한 그 맛은 과일이라기보다는 천상의 열매 같은 신비한 느낌을 지울 수가 없었다.

팔십 년을 살아온 나의 인생은 무화과나무와 다름이 없다는 생각이 들었다. 세상에 떨구어진 보잘것없는 생명 하나가 온갖 풍상을 겪으면서 여기까지 왔다는 생각에 만감이 교차한다. 돌이켜보면 내 인생의 지나온 시간들은 결코 평탄한 길이 아니었다. 한 입 덜기가 힘들었던 가난으로 인해 세상에 내동댕이쳐질 그 순간에 양자로 보내지는 운명. 나의 인생은 나의 의지와 상관없이 망망대해에 떠 있는 한 잎 나뭇잎과도 같았다. 질풍노도의 풍랑에 좌초될 수 있는 시간에도 사라지지 않고 오늘의 모습으로 존재하는 것은 단순히 나의 의지와는 관계가 없는 일이었다.

창문을 열었다. 동녘 하늘 구름이 발갛게 타오르고 있다. 하루의 일상이 시작되는 순간이다. 주섬주섬 옷가지를 걸치고 마당으로 나섰다. 이슬방울 맺힌 화초들이 방긋이 미소를 보내는 듯하다.

사람은 세상을 살아가는 현실적 존재인 것은 분명하다. 그러나 세상의 이치와는 다르게 자연의 세계에서는 또 다른 생각의 존재 감각을 느끼게 한다. 하늘과 땅, 산과 바다, 저녁노을을 발갛게 물들이는 자연의 모습들은 또 하나의 세계가 아닌가. 태양은 어김없이 새벽하늘을 물들이며 떠오른다. 그 빛으로 하늘의 구름과 산과 오름은 아침의 옷을 갈아입고 하루의 시간을 맞이한다.

그것뿐이 아니다. 시간이 지남에 따라 자연은 분초의 시간 속에 옷을 갈아입고 성장한다는 것이다. 그 속에서 사람도 마찬가지일 텐데, 느끼는 정도는 다르다. 사람은 무감각 속에 머물러 있지만, 대지에서는 수많은 생명이 솟아나 꽃을 피우고 진다. 피고 진다는 것은 삶의 시작과 끝의 순환이다.

   자연은 표리부동(表裏不同)하지 않는다. 그냥 있는 그대로의 모습으로 보여줄 뿐이다. 그것이 순수한 모습이다. 바람이 불어 바다는 절고개가 나타나 포말을 날리고 갯바위를 때린다. 절벽은 천년을 두들겨 맞으면서도 아무런 말도 없다. 깎이고 패인 세월을 묵묵히 받아들인다. 있는 것을 다 잃어버리고 앙상한 모습으로 서 있지만, 바다를 원망하지 않고 새로운 아름다움을 보여준다. 그들은 바다와 바람이 스스로에 의한 것이 아니라는 것을 알고 있는 듯하다.

   바람은 불고 싶어서 부는 것이 아니다. 과학적으로는 기압과 관련지어 설명하지만, 그러면 기압은 다른 공기들과의 융합이라는 이론으로 이해할 수가 있을까. 사람들의 언어와 지식으로 자연의 이치를 설명하는 것은 수박 겉핥기일 뿐이다.

   인간이 사는 세상은 혼란스럽다. 세 치의 혀와 한정된 뇌의 용량으로 자연의 흐름을 단정하고 이론화하는 것이 모순이기 때문이다. 그 전에는 동의하고 순응했지만, 세월에 끝자락에서 보는 세상은 언제나 불확실하다는 것을 느낀다.

   뒷짐을 지고 떠오르는 아침 해를 바라보는 나의 아침은 언제나 새로움이 가득한 평화의 시간이요, 설렘 가득한 미지의 세계를 기다림과 같다.

신낭정 쉼터

섯전방 길거리 우산처럼 펼쳐진 신낭정 쉼터
오가던 사람들 마루에 걸쳐 앉으면
솔바람 찾아와 선선하게 위로해준다

선전방 앞길 큰 못 가는 길 신낭은
아는 사람 모르는 사람 가는 곳 다 알고
쉴새 없이 오고 가는 자동차 셈을 한다

심신이 지친 몸 마음 쉬고 몸 쉬고
한가히 쳐다보며 한숨 쉬는 신낭정
놀당 갑써 쉬당 갑써 건불영 갑써

장기 두다 말 투정 부리는 동네 사람
가는 임 오는 임 술대접하는 날
수박 아이스크림 대접하는 날
고마운 인정 나누는 신낭정

낭 그늘 아래에서 놀다간 사람 쉬다간 사람
우스개 잡담 시시덕거리던 사람 신낭정은 알고 있다
600년이 가고 천년이 흘러도 싫다 아니하고
미워하지 아니하고 오지 말란 말 아니하는 신낭정

한라산은 어머니의 품

　누군가 나에게 어디에 사는가를 묻는다면 한라산 기슭에 산다고 말하고 싶다. 제주도에서 볼만한 곳이 여러 곳 있지만, 한라산만큼은 꼭 가야할 곳이라고 말한다.
　사람들은 한라산의 높이가 1,950m라고 하면서 꼭대기만을 바라보고 있다. 한라산은 제주 인들이 사는 해안에서 백록담 정상까지 아우르고 있다는 것을 모른다. 한라산과 정상인 백록담을 혼동하는 편향적인 사고다.

　나는 한라산에 살고 있다. 어두운 밤을 지새우고 밝은 햇살과 함께 기지개를 펴는 순간 하늘을 쳐다본다. 맑고 푸른 하늘 아래 우뚝 버티고 있는 백록담의 당당함은 언제나 그대로다. 세월에 따라 정상의 모습은 태평양으로 불어오는 폭풍의 비바람 속에 쭈글쭈글한 주름이 내려앉지만, 태풍의 눈을 가벼이 내려 보는 기개는 제주인을 배려하는 모습일 것이다.

언젠가, 제주를 방문한 일본인을 백록담으로 안내한 가이드의 말이 생각난다. 일본인들은 과거 한국을 지배했다는 역사적 인식으로 한라산을 찾았을 것이라고 한다. 그들의 역사 속에서 한반도는 쉽게 정복한 처녀와도 같았을 것이다. 희희낙락거리면서 성판악 코스를 따라 올라갔다. 성판악 주차장에 관광버스를 정차할 때 해맑은 날씨였는데 진달래 밭에 이르러서는 사방이 짙은 구름이 쌓이기 시작했다.

가이드는 컵라면을 일행들에게 나눠주며 한두 시간의 여행길이 남았다는 말을 했다. 그러자 한 사람이 왜 갑자기 날씨가 이러느냐며 볼멘 목소리로 말했다. 짙은 안개로 휩싸인 사방에 대해 불안한 생각이 들었나 보다. 가이드는 살아있는 영산(靈山)이라 아무나 범접할 수 없는 신령한 곳이므로 3대에 걸쳐 부정한 사람들에게는 쉽게 모습을 보여주지 않는다며 원래 한라산 정상의 날씨는 종잡을 수 없이 다변하다는 것을 우회적으로 표현했다고 한다.

위트에 가까운 가이드의 설명이었으나 일본인들은 갑자기 산행 복과 신발에 묻은 먼지를 털더라는 것이다. 마치 부정을 멀리하는 것처럼…. 가이드는 괜한 농담을 했나 싶었으나 그들은 백록담의 암벽 계단을 오르면서 숙연한 모습이었다고 한다. 백록담 정상에 오른 그들에게 보여준 것은 짙은 안개와 바람이었다. 백록담의 물은 전혀 볼 수가 없었다. 한라산은 그들이 생각한 정복된 처녀가 아니었다.

한라산은 살아있는 영혼의 어머니다. 사람들은 한라산의 정상만을 고집하나 그것만은 아니다. 해안에 자리 잡고 사는 사람에서 중 산간에 사는 사람들 모두 산의 품 안에 있다는 것을 공감한다. 장마철 억수 같은 폭우가 며칠 내리는 절기에도 사람들은 그리 걱정을 하지 않는다. 다공질 현무암의 토질 특성으로 산간에 사는 목초들은 물을 머금고 해안에 사는 사람들에는 용천수라는 생명수를 제공한다.

한라산은 산맥의 어머니이기도 하다. 풍수지리를 연구하는 사람들은 백록담에서 흘러내리는 석맥, 수맥, 기맥이 자리하고 있다고 한다. 석맥은 용맥이라 부르고, 수맥은 합수된 곳, 기맥은 방어된 곳이라 하여 묘 자리와 택 자리를 본다고 한다. 전문지식이 없는 나에게는 풍월일지라도 산에 대한 신비로움에는 어느 정도 공감을 해본다.

한라산은 생명의 어머니다. 봄과 여름에는 푸름이 무성하다. 가을은 단풍 비단으로 장관을 이룬다. 겨울이면 하얀 옷으로 갈아입어 백설 꽃을 한껏 자랑한다. 오죽했으면 대만 관광객들이 한라산의 가을을 보며 산이 불탄다고 했을까. 열대지방이라 가을을 체험하지 못하는 대만인들의 감성을 제주 인들은 동감하지 못하나, 한라산을 오르내리는 사람들 속에 무한한 명상과 신비로움은 산이 지닌 그 자체일 것이다.

섬이라서 폐쇄적이라는 사고(思考)는 이주해온 이들의 푸념일 뿐이다. 지역끼리 소통하는데 육지와 같은 강물이 있어서 불편하지도 않아 내키는 대로 가고 싶은 곳을 걸어서 갈 수가 있는 곳이기도 하다.

물질주의가 만연한 현대문명이 우선시 되는 오늘날의 기준에서 벗어나 제주인들의 정체성을 일깨우고 싶다.

한라산 중턱의 납읍은 내가 태어나고 자란 고향이다. 아침 창문을 열고 올려다보는 하늘과 들은 너무도 상큼한 기운이 감돈다. 비록 허술한 슬레이트 지붕으로 된 공장으로 출근하는 몸이지만, 어머니 자궁 속의 태아 같은 한라산 기슭에 사는 하루가 행복하다.

제주의 삼도리 정신

　인류 문명의 시작은 문자의 사용에서 시작되었다고 한다. 문자가 기록이라는 소통의 영역이라면 숫자의 사용은 소유의 영역이었던 것 같다. 세계 문명의 한 가운데에서 숫자는 중요한 위치를 차지하고 있다.

　어떤 민족이나 역사의 기록은 항상 연대를 우선으로 당시 사람들의 생활 모습을 그려왔다. 그때 그 사람들은 그렇게 살아왔고, 후세에게 교훈을 남기는 것이 역사가 아닌가.

　아침 햇볕이 따뜻하다. 겨울 차가운 방안을 찾아드는 반가운 손님이다. 창문을 여니 밀물 흐르듯 빛이 쏟아 들어온다. 꽁꽁 얼었던 냇물이 풀리듯 닫혔던 영혼의 창문이 열리듯 상쾌하다. 세월이 흐르는 강물 같다고 하지만, 팔십을 훨씬 넘긴 사람에게도 이 같은 풍성함을 주는 내 고향에 감사함을 느낀다.

　고향은 부모님이 주신 곳이다. 시골 납읍이라는 곳에 태어나 너무도 오지(奧地)라는 곳이 부끄러워 숨기기도 했다. 세상을 살아가는 시간과 공간 속에서 생존이라는 부딪침에 다다랐을 때. 그때마다 마음속에서 울리는 외침에 양심의 가책을 느낀다.

사람에게는 누구나 세 개의 혼이 있다고 한다. 모태에 임신하는 순간 생기는 태광혼(台光魂), 어머니의 자궁 안에서 새로운 삶을 준비하는 과정에서 생기는 상영혼(爽靈魂), 출산과 함께 세상을 살아가는 삶 속에서 함께하는 유정혼(幽靜魂)이다.

인체 전문가가 아니지만, 자라오면서 전통적인 문화를 보면 그러하다. 어릴 적 무서운 것을 보거나 놀라거나 했을 때 넋을 드리는 다고무당의 힘을 빌린 적이 있다. 또한, 인간이 세상을 떠나 입관 성복할 때 혼을 세 번 부른다. 또한, 전통적으로 숫자 중에 셋에 의미를 두고 있는데 사람에게는 세 가지 맥이 있다고 한다. 골맥, 혈맥, 경맥이 자리하고, 내부에는 심장 두뇌 위장이 있다.

왜 세 가지일까? 살아온 팔십을 되새겨 보면 셋이라는 숫자는 참 오묘하다. 인간의 기본 욕구에는 식욕과 성욕, 물욕이 있었고, 세상을 살아오면서 세 가지의 영역을 떠나지 못했다. 부모와 친인척 동기 동창들이 함께하던 삶의 짐체성을 생각해본다. 부모에게 독립하여 삶이라는 여정 속에 밑바탕이 되었던 사고와 행동에서 붙잡았던 주체성, 생애 마지막 황혼의 자락에서 남은 자취를 돌아보는 가치성 등… 내가 피할 수 없었던 세 자리 숫자였던가.

삶 속에서 셋이라는 숫자는 곁을 떠나지 않았다. 자연에는 석맥(石

脈), 수맥(水脈), 기맥(氣脈)이라는 자연의 구조 속에 전세(前世), 현세(現世), 후세(後世)로 이어지는 단계의 과정을 밟고 가는 것이 내가 살아가는 삶의 카테고리다.

그것뿐인가. 내가 사는 제주는 삼다 섬이라 셋이라는 숫자에 걸맞은 곳이다. 돌, 바람, 여자가 많은 곳이라 억척같은 여성들이 고난을 극복하고 지켜온 곳으로 도둑 없고 대문이 없으며 거지가 없는 삼무, 부모 공양, 부모상, 부모 제사를 도리로 삼는 삼도리 정신은 너무도 아름답다.

세월이 많이 변했지만, 제주의 삼도리 정신은 우리의 마음 깊이 도도히 흐를 것이라 믿는다. 자연이 주신 내 고향 제주에서 살아온 지난날이 너무도 감사하다. 삼도리 정신을 마음속 깊이 간직하고 제주를 사랑하는 마음이 더욱 깊어져 간다.

장마철 풍경

　여름 초입으로 들어가는 시기, 연일 내리는 줄비(쁐)가 창문을 투두둑 투두둑 두드린다. 밭일을 나가지 못하는 농부들은 하늘이 심술을 부린다고 투정을 부릴 수밖에 없다. 한증막 속에서 달달거리는 선풍기에 기대보지만, 생각대로 되지 않는다. 인력으로 되지 않을 일이라는 것을 알고 비가 그치기를 기다려야 한다. 그냥 잠시 쉬라는 자연의 소리인가 하고 담배에 불을 붙인다. '후'하고 내뱉은 연기는 천장에서 맴돌기만 할 뿐…. 비 내리는 밖을 누가 나가고 싶을까.
　비가 갠 일상은 신비롭다. 파란 하늘을 유영하는 양떼구름, 소떼구름들이 천천히 들과 산등성이를 넘나들며 오름을 비켜 간다. 마치 컬러 티브이 속에 나타나는 환상의 화면과도 같이 아름답다. 날 저물 들녘에 만산초가 푸르게 피어나고, 풀잎 속에 숨었던 만총 벌레들의 노랫소리가 하루해 가는 것을 아쉬워하듯 구슬프다. 마치 얼마 남지 않는 나의 마음을 아는 듯이.

메말랐던 시골 연못에는 물이 넘치고 맹꽁이, 갓쟁이, 개구리들의 합창 소리가 못을 가득 메운다. 마치 자기네들 세상이 온 것처럼 활개를 친다. 물뱀들은 먹잇감을 찾아 못 가 수풀에 똬리를 틀고서 혀를 날름거리고 있다. 그것도 모르고 가까이 헤엄치고 오는 개구리 한 마리가 위험하다.

온정의 마음으로 길바닥 작은 돌멩이 하나를 연못으로 휙 집어 던졌다. 연못은 '퐁' 소리와 함께 순간 물살이 흔들리며 파문이 인다. 긴장의 순간이다. 합창 소리는 침묵으로 변하고, 출렁거리는 물결이 못 가에 다다르면 찰싹하고 소리를 낸다. 그들의 평화로운 세계에 침략자가 되어버린 것이 아닌가. 괜한 장난을 친 것 같다.

장마철에 볼 수 있는 장관이 있다. 산 위에 내린 물줄기들이 모이고 모여 격랑의 물결로 천둥소리를 내지르며 내려온다. 폭포를 만들기도 하면서 동네 천을 순식간 범람하는 모습은 가슴을 뛰게 했다. 그것은 엄청난 힘이다. 한 방울의 빗물이 도랑을 거치고 시냇가로 함께 모여 달려오는 위력은 감당할 수 없는 자연의 힘이다. 그러나 그들은 바다로 흡수되면서 힘을 잃고 만다. 바다만이 가지고 있는 포용력에 삶의 위로를 받는다. 삶의 과정에서 괜한 짜증으로 남에게 불쾌감을 줄 필요가 없다. 받아들이고 혼자 삭이는 지혜를 배운다.

인내의 한계를 시험하는 불청객이 있다. 시도 때도 없이 왱왱거리는 모기다. 젊은 날에는 다가오는 모기를 눈으로 보고 양손으로 잡을 수 있었는데 이제는 물리고서 내 볼 따귀를 스스로 맞는 신세가 되었다. 조그만 녀석이 공중에서 내가 하는 모습을 보고 비아냥거리며 웃고 있지 않을까.

  모두 다 한철이다. 이 시기가 지나면 이들도 함께 사라질 것들이 아닌가. 순간 누렸던 기쁨이나 슬픔도 이들과 같이 기억도 없는 세계로 떠난다. 미련도 없고 영광의 추억도 없는 그림 없는 하얀 도화지가 된다.

  이것이 자연의 섭리이듯 인간의 삶도 마찬가지일 것이다.

매미

매미는 신선이라 부른다.

땅속에서 애벌레와 번데기의 과정을 거쳐 날개를 달아 하늘을 날아오른다. 맨 처음부터 창조된 것이 아니라 몇 개의 세계를 경험하고 세상을 살아가는 것이다. 머리에 왕관을 쓰고 이슬을 먹고 살며 둥지를 짓지 않고 자유롭게 살아간다. 계절을 꼭 지키며 짝을 부를 때에는 노래로 한다. 나무에서 노래만 부르며 살아가니 호사 곤충이다.

그래서 사람들은 매미에 대해 좋은 이미지로 표현한다. 이슬을 먹고 사니 신선 곤충이요 농작물을 해치지 않으니 모범 곤충이다. 집을 짓고 살지 않으니 검소 절약 곤충이요 노래로 짝을 부르니 낭만 곤충이다.

어느 시골 촌부가 도시로 나갔다. 촌사람에게 용돈이나 뜯어보려는 생각이 앞선 한 사람이 말을 걸었다.

"자네 어디에서 왔는가?"하고 시비를 걸자 촌부는 "나는 신선 오줌 갈기는 마을에서 왔네, 그려."

도시인은 깜짝 놀랐다. 차림새가 초라하고 허름하게 보이는 사람이 하는 말치고는 유식하게 보인 것이다. 괜한 시비를 걸었다는 생각에 자리를 슬금슬금 벗어나 도망갔다는 얘기가 있다.

일생을 땅속 애벌레로 지내다 성충이 된 후 2~4주 후 생을 마감하는 매미가 신선이어서 세상에는 오래 살지 못하는 안타까움이 있다.

거미

해넘이 지긋한 오후, 창밖을 내려다본다. 붉은 햇살은 힘을 잃은 듯 지평선에 내려앉고 있다. 오래된 삶터인 공장 안에서 바라보는 세상은 아름답다. 어렵사리 살아온 내 인생이지만, 오늘 이 시간을 바라보면서 세상은 너무도 아름답다는 생각을 한다.

아름답다는 것은 내가 아니라 내가 살아오는 동안 나의 삶을 비춰어준 태양의 노고에 감사하다는 것을 느낀다는 것이다. 가만히 턱을 괴고 창문을 바라본다. 서서히 내려앉고 있는 하루의 태양이 너무나 붉다. 용광로 같이 불태웠던 한낮의 기운보다 하루를 소멸해가는 모습은 마치 삶의 노정 같다.

창가에 보이는 흐릿한 형상에 시선이 멈추었다. 한 마리의 거미줄, 내가 허락한 적이 없었는데. 내가 모르는 사이에 삶의 공간을 만들고 버젓이 주인 행세를 하는 것이 아닌가.

대단하다. 연결고리가 없는 공간에 집을 짓고는 소유하는 것이다.

가로 세모를 잇는 줄들이 정확한 수학적인 공식에 의해 만들어졌다. 측량기술이 뛰어나다. 어쩌면 인간들이 건축하는 도시의 빌딩들 모습보다 세밀하다는 생각이 들었다.

거미는 어떤 존재일까. 왕거미, 들거미, 집거미, 서왕거미, 파리거미 등 종류가 많다고 한다. 왕거미는 둥치가 크며 나뭇가지 가장 높은 곳에 집을 짓는다. 사납게 생기고 색깔이 검다. 일명 독거미라고 한다. 이에 비해 서왕거미는 등에 점이 박혀있고 꼭대기보다는 그 아래에 집을 짓는다. 파리거미는 집 거미다. 집구석에 거미줄을 치고, 파리 모기들을 사냥하며 살아간다. 어쩌면 인간들에게 필요한 존재이기도 하다.

이들이 살아가는 모습이 신비스럽다. 그들이 가지고 있는 특징들이 너무도 지혜롭다는 생각이 드는 것이다. 그들에게는 재료가 필요없다. 뱃속에서 모든 재료가 나온다. 입과 발로 그림을 완성한다. 그리고는 자신들이 필요로 하는 장소에 거대한 건축물을 설계하고 짓는다.

높은 나무에 올라가기도 하고, 사방을 스스로 측량하며 매미나 잠자리, 곤충들이 지나가는 길목을 알고 세밀하게 그물을 스스로 설치한다. 그것이 그들이 십이며 사냥터이다. 건축물을 완성하고 나면 자신은 그곳에서 살지 않고 지키는 곳을 정한다.

집은 살기 위한 곳이 아니라 생계를 위한 텃밭이다. 가까운 곳에서 집을 지키며 밤부리 메뚜기 매미 파리 등이 날아와 집 그물에 걸리는 것을 기다린다. 그러다 무엇인가 걸리면 재빠르게 달려가 배 속에 있는 줄을 꺼내 꽁꽁 묶는다. 그리고는 어떤 잔치가 있는 것처럼 우렁찬 소리를 지르며 기다린다. 그러면 왕피리 쉬파리 자잘한 곤충들이 잔칫집에 모여드는 사람들처럼 몰려든다.

  거미는 몰려드는 곤충들을 하나둘씩 밧줄로 묶어 놓고 자신의 먹잇감으로 먹어 치운다. 잔치 대접받으러 갔다가 거미 밥이 되어버리는 것이다.

  속담에 거미가 초청하는 자리에 가지 말라는 말이 있다. 마치 물고기를 잡을 때 낚시에 달린 미끼와 같이 달콤한 유혹을 경계하라는 말이다. 사람이 살다 보면 자신의 본분을 망각하고 욕심을 내는 경우가 허다하다. 이런 점에서 인간들도 거미의 지혜를 받아들이는 혜안이 있어야 할 것이다. 다시 말하면 보금자리 집을 짓는 순간부터 단순히 산다는 인식에서 벗어나 잔치한다고 소문을 내어 생계를 이어가는 재물을 제대로 들어오게 하는 지혜가 필요하지 않을까.

  날고뛰어도 집 한 채 얻기 힘든 세상인데, 건축 허가 필요 없고 뱃속의 재료 하나만으로 자기 집을 짓고 한평생 살아가는 거미의 인생이 얼마나 지혜로운가.

숲길 속의 야생화

간만에 숲길을 걸었다. 연로한 나에게 찾아드는 사람도 드문 요즘이다. 그리운 사람이야 많지만, 이제 이 세상 사람이 아니라서 더욱이나 보고 싶다. 세상 살아가는 길에서 헤어짐이란 무척이나 괴로운 마음이라는 것을 젊은 시절에는 찢어지는 가슴으로 느꼈으나 이즈음에서는 그런가 보다 하고 생각한다. 본래 태어난 생명은 동식물이나 인간들 모두 상호 의지하며 삶의 자리에서 살다가 때가 되면 떠나는 것이 자연의 이치가 아닌가.

꾸부정한 허리를 곤추세울 필요도 없이 산길을 걸었다. 헉헉거리는 폐의 숨소리가 가슴을 짓누른다. 지팡이라고 들고 나왔으면 좋을 걸 하는 아쉬움이 순간 감돌다 사라진다. 잠깐 돌아가는 숲길인데 거추장스럽게 준비할 것이 무엇인가.

털썩 주저앉았다. 힘이 모자람도 있었지만, 세월의 시계 앞에서 무리하게 욕심을 내고 싶지 않았다. 사위를 둘러보니 숲의 가장자리에 있다는 것을 느낀다. 높게 자란 소나무와 삼나무 사이로 푸른 하늘과 유영하는 하얀 구름이 흘러간다. 구름이 가는 종착지는 어디일까. 그냥 제자리에 머물러 세상을 구경하는 여유가 없어 보인다. 그도 그럴 것이 바람에 밀려가는 것이 삶이 아닌가. 허허.

산자락 근 저리에 야생화가 피어있다. 노란 꽃이다. 알아주는 이 없는 한적한 숲에서 꽃을 피운 들 무슨 소용이 있으랴. 한 줌도 안 되는 이 숲에서 자리하고 있는 것이 가엾다. 양지바른 곳에 있었으면 군락을 이루면서 번성할 수도 있을 텐데.

측은지심으로 바라보는 나에게 미소를 보내고 있는 듯하다. 지금 당신이 나를 보고 있어서 행복하다는 듯이.

소박한 모습의 야생화가 아름답다. 이름이라도 알고 있으면 가만히 불러주고 싶다.

행복한 삶의 자리란 주어지는 환경이 완벽한 곳이라 생각했었다. 의지에 따라 모든 것을 이룰 수 있는 그런 세상. 납읍이라는 산촌에서 태어나 경제적인 빈곤으로 제대로 교육 받지 못한 나는 태어난 곳에 대한 불만이 가득했었다. 남들은 다 하는데 나는 못 한다는 것에 대한 허탈감과 좌절감을 일으키기도 했다. 어쩌면 그런 나의 분노가 생의 전환점이 됐는지 모르겠지만, 어린 마음에 받은 상처는 너무도 컸다.

그런데 노란 야생화는 그늘이 없어 보인다. 화사하게 나를 쳐다보는 눈길이 사랑스럽다. 주어진 터전 안에서 환경이 주는 사소한 행복에 만족하면 될 일을 복잡하게 생각하는 것이 아니라고 속삭이는 듯하다.

자신이 가둬놓은 사고 안에서 단정 지어 생각하는 것. 한 걸음도 내딛지 못하고 늘 제자리에서 안착하는 안일주의. 욕심이 과하면 보이는 사물이 모든 것이 부족하게 느껴지고 내려놓으면 근심·걱정이 없어짐을 깨우치지 못했던 젊은 시절의 고통이 상처로 남았다. 시나브로 지나가는 과거의 질곡 속에서 무거운 멍에로 짊어졌던 등짐을 이제 지워내고 싶다.

팔십을 넘은 나에게 생각이라는 것은 사치일 뿐이다. 스스로 육신을 거동하지 못하는 이에게 필요한 것은 움직일 수 있는 두 발에 대한 감사밖에 없다.

숲에 바람이 일었다. 작은 잎새에서부터 높게 자란 나무들의 몸피에서 쏴쏴쏴 소리를 내며 바람은 숲을 흔들고 있다. 노란 야생화도 함께 흔들리며 나의 시선을 돌렸다.

묵직한 무릎을 세우며 걸음을 옮긴다. 숲을 떠나 집으로 돌아오는 길, 바람에 살랑대는 키 작은 야생화들이 아름답다.

허허, 내가 그랬구나

방 안에 있으니 온몸이 뻐근하다. 8월, 폭염을 견디는 것이 몹시 힘들다. 나이가 들어 육신을 다루기가 힘든 요즘, 용기를 내어 외도 앞바다로 나섰다. 싱그러운 바람이 온몸을 감싸온다.

폐부 깊숙이 숨을 들이마신다. 시원하다. 마치 젊은 날 사우나에서 묵은 때를 박박 민 후의 청량한 느낌이다. 무의식적으로 들이마시는 상큼한 공기 제주의 바람은 늘 나와 함께 있었다는 것을 예전에는 그리 느끼지 못했다.

바람 많고 돌 많은 제주 섬, 나는 이곳에서 태어나 일상을 척박한 땅에서 쉬지 않고 살아왔다. 골갱이 호미는 땅을 일구는 유일한 도구였고, 그것으로 들녘 작지왓 땅을 일구었다. 파고파도 호미 끝에서 돌멩이가 다닥다닥 소리를 내었다.

푸슬푸슬 날리는 흙먼지는 구슬처럼 흘러내리는 땀방울에 묻혀 동그란 눈동자만 남았었다. 습기가 많은 여름날의 농사일은 쉬운 일이 아니었다. 그것만인가. 아내는 망사리 퇴악 메고 소중이에 비창 들고 바당 저승길로 들어가야 했다.

생계를 위한 몸부림 속에 힘들다는 생각은 사치다. 내 부모님들이 살아왔던 길, 나 또한 그 길을 따라 한 발짝 한 발짝 내디디며 걸어왔다. 아이들의 홀쭉한 입을 보면 어쩌면 당연한 일이었다. 봄이 되어 어김없이 찾아오는 제비들의 암수가 처마 위에 집을 짓고 부화한 새끼들에게 먹이를 쉼 없이 갖다 주는 모습과 별반 다르지 않다. 먼 미래는 고사하고 당장 필요한 건 새끼들의 입에 먹이를 채워줘야 하는 어미의 절박한 심정이었다.

근대화의 물결에 따라 산을 일구고 감귤나무를 심었다. 귤이 밥이 되지 않는다는 의구심이 있었던 것도 사실이다. 먹고 사는 문제가 심각한 현실에서 귤나무는 불안정한 미래였다. 생계를 위해 갯가에서 해물을 잡고 들녘 목장에서 므쉬를 기르며 억척같이 살아온 제주 사람들, 마음이 좋아 어려운 일 있을 때면 서로 돌보며 살아왔다.

외도의 파도가 밀려든다. 새하얀 거품을 물고 발치까지 왔다가 부서져 내린다. 얼른 몸을 일으켜 몸을 뒤로 뺐다. 한 차례 파도가 일자 물의 파열음은 온몸을 덮었다. 흠뻑 젖은 온몸을 털어냈다. 그리고는 발치에서 젊은이의 목소리를 들었다. "그냥 그대로 서! 됐어."

아직 물이 들지 않는 곳에서 젊은 연인들이 사진을 찍고 있다. 암석 바위를 지나 넓게 펼쳐진 용암이 흐르다 멈춘 곳에서 추억을 담고 있었다. 내 아내와 시골 아낙들이 물질하고 힘든 숨소리를 내며 걸어 나오던 곳이다.

아! 세상이 변했구나. 우리가 생계를 위해 치열하게 싸웠던 바다는 후세들에게 아름다운 모습으로 보이는 장소가 되었다.

그들은 알까. 그곳이 어떠한 삶의 고통이 자리하고 있는지를. 동네 해녀들이 내놓은 해삼과 전복 한 접시에 시원하게 맥주를 들이켜는 관광객들, 유리잔에 넘치는 황금빛의 술은 제주인의 피땀 어린 노고이며, 옥쟁반에 담긴 안주는 우리의 선조 제주 백성들이 짜낸 기름이다.

꿀을 먹을 때는 꿀벌들이 멀리 날면서 물어온 노고를 생각하고, 물을 마실 때는 우물을 파던 사람들의 땀을, 밥을 먹을 때는 농사꾼들의 사시사철 흘린 땀과 노고를 기억해야 한다.

괜한 고집일까. 변한 세상에 쓸모없는 늙은이의 아집인지 모르겠다. 하지만 마음 깊은 곳에서 생수처럼 콸콸 터져 나오는 것을 부정할 수는 없다. 세상은 사다리와 같다. 높은 곳을 오르는 것은 두 개의 축에 하나씩 끼워놓는 나뭇가지다. 마지막 나뭇가지에 서서 세상을 바라보는 이들에게 첫 번째 끼워놓은 나뭇가지가 보일 수는 없을 것이다. 하지만 한 번쯤은 돌아보는 여유를 지녔으면 하는 바람이다.

해가 수평선으로 내려앉고 있다. 붉은 노을과 함께 바다로 떨어지는 시간을 재듯 아주 조심스럽게 천천히 몸을 맡기고 있다. 조금의 시간이 지나면 수면 밑으로 떨어져 어둠의 시간을 맞이할 것이다. 어둠은 빛의 시간을 돌아보지 않는다.

허허! 내가 그렇구나. 그렇게 시간은 흘러가는데. 서녘 하늘을 꼴깍 넘어가는 저녁노을도 소리 없이 스러지는데!

뜰 앞 감나무 두 그루

뜰 앞에 두 그루의 감나무가 있다. 내가 심은 적이 없다. 반 팔 정도의 거리에서 돋아나 서로를 의지하며 같은 키의 모습으로 자랐다. 어린 가지여서 그런지 서로 엉키면서 몸통이 하나같아 보인다. 연리지는 아니지만, 서로의 느낌을 교감하는 듯 보인다. 형제자매와 같이 오랜 세월 생사고락을 같이한 나무다.

이른 봄이면 연두색 싹이 새록새록 돋아났다. 메마르고 앙상한 가지에서 나오는 새순들은 기쁨이며 희망이다. 마치 가난한 집 방안에서 머리를 맞대고 소곤대는 어린 형제들 같다. 끼니를 걱정하는 가장의 짐을 이해할 턱이 없다. 해맑은 아이들의 미소가 밝은 세상을 비추듯이 감나무의 새싹들은 이제 완연한 봄이 왔음을 알려준다.

겨우내 닫혔던 창문을 열고 마당을 내다봤다. 연녹색 싹들은 포근한 햇살에 키를 키우더니 어느새 진한 녹색으로 옷을 갈아입었다. 하얀 꽃을 피우기 시작하자 벌과 나비들이 마당을 돌아다녔다. 향기로운 꽃향기가 난간을 넘어 마루 위로, 온 방 안으로 스며든다. 늙은이가 혼자 어떻게 사는지 살펴보듯이 기웃거린다. 허락도 없이 넘나드는 이놈들은 사람에 대한 경계심이 하나도 없다. 나 또한 이들의 방문이 싫지 않다. 오래지 않아 이들의 방문 또한 사라질 것이기에.

장맛비가 창문을 두드리면 감꽃들은 힘없이 떨어졌다. 다닥다닥 떨어져 구르는 꽃받침들이 애잔하여 감나무를 쳐다보면 동그란 열매가 방긋이 웃는다. 꽃과 받침들은 마치 자신들을 위해 떨어졌다는 듯이.

동글동글 감나무에 매달린 작은 열매들은 하루가 다르게 몸집을 늘려나갔다. 어떤 것들은 태풍에 떨어지기도 하지만 가지를 꼭 껴안고 뇌성번개 치는 한여름을 지켜나가기도 한다. 두 그루의 감나무는 무게가 더해가는 열매들을 떠받치기 위해 서로의 가지들을 펼쳤다. 자연의 지혜로움인가. 왜 두 그루의 감나무가 연리지와 같은 모습으로 서 있는지를 이제야 깨닫는다. 하나보다는 두 개의 힘이 강하다는 것을 말해주고 있다.

가을 초입에 들어서면 나뭇잎들은 어느새 푸름의 모습을 잃어버리고 갈색으로 퇴색한다. 희망의 연녹색에 강건함과 인내의 푸름을 떠나 황혼의 갈색으로 변하는 이치가 사람의 삶과 어찌 이리 비슷한가. 인간보다 더 많은 세월을 살아가는 감나무가 일 년을 평생처럼 살아가고 있으면서도 세월을 탓하지 않는 듯하다. 내년 봄이면 그들은 똑같은 시간 속에서 그렇게 살아갈 것이다. 의미 없는 식물의 삶이려니 하고 돌아앉는 순간 주먹만 한 홍시들이 눈에 들어왔다.

그들에게 남겨지는 일 년의 결과물이다. 노랗게 매달려 익어가는 감들이 주렁주렁 달려있다. 그 모습이 얼마나 경이롭고 아름다운 것인지 예전에는 느끼지 못했다. 이들은 그냥 보여주기 위해 남긴 것이 아니었다. 직박구리 텃새들이 감나무로 날아들면서 쪼아 먹고 있었다. 먹이가 부족한 겨울, 새들에게는 얼마나 귀한 양식인가.

가만히 쳐다보던 나는 새들에게 빼앗긴다는 생각에 장대를 들어 휘-이 휘-이 쫓아냈다. 새들은 멀리 가지 않고 곁눈질로 쳐다보며 심술 많은 노인이라고 쫑알대는 것 같다. 그런 모습에 화가 치밀었다. 바구니를 들고 먹음직한 열매들을 따기 시작했다. 우듬지에 있는 것들을 제외하고 거두자 몇 바구니가 수확물이 가득했다.

감나무가 갑자기 휑해졌다. 날아드는 새들도 움직임이 빨라지고 그들끼리 싸움이 벌어지기도 했다. 몇 개 남지 않는 감을 먹기 위한 투쟁이다. 그런 모습을 바라보던 나에게 씁쓸한 느낌이 찾아들었다. 감나무는 방문하는 새들에게 기쁜 마음으로 자신을 내어주는 자선과 조건 없는 희생을 하고 있었는데, 내가 모든 것을 가로챘다는 미안함이 들기 시작했다. 부정과 탐욕 덩어리가 되어버린 인간 본성이 부끄럽다.

수확한 감들을 항아리에 담았다. 혼자 먹을 수는 없지 않은가. 며칠 동안 숙성한 감을 꺼내 손자 손녀들을 불러 나눠줬다. 맛있다며 어린 새처럼 달려드는 손주들의 모습이 꼭 새봄에 싹을 틔우던 연녹색의 새순들과 같다.

아낌없이 주는 뜰 안의 두 그루 감나무. 감나무는 나에게 지혜를 가르쳐준 말 없는 스승이었다.

용두암 망원대에서

    2019년 12월 동짓날 오후, 노구를 이끌고 제주시에 있는 용두암을 찾았다. 용의 머리를 닮았다 해서 용두암이라 불렸지만, 나이 들어 찾은 이곳은 꼭 그렇지만은 않다.
    많은 침식으로 변형이 되어서일까, 아니면 내가 세속에 물들어 버린 것일까. 천년 암벽이 용의 머리로 돌출한 용연 야범부터 울퉁불퉁 숭숭한 용암 바위가 해안가를 덮고 있다.
    철썩이는 바다를 내려다보다 용머리길 해안도로에 망원대가 새롭게 설치되어 있는 것을 보았다. 예전에는 없었던 풍경이라 그곳으로 발길을 옮겼다. 도롯가에는 관광객으로 보이는 사람들이 차에서 내려 한가로이 바닷가로 내려가고, 주변에는 없었던 먹거리 식당들이 즐비하다. 세상의 변화는 눈 깜짝할 새에 이루어진다는 말이 실감이 났다.

    나무 계단을 힘들게 밟으며 망원대에 올라섰다. 태평양에서 올라

온 바닷물이 제주 해안에 상륙하는 기세일까, 넓은 바다에서 철썩이는 파도가 흰 거품을 머금고 달려와 부딪치고는 사르르 내려간다. 고된 여정에서 끝낸 쉼의 소리와도 같다.

인간은 자연과 불가분의 인연이 아닌가. 살아온 과거는 물론 현재, 미래는 자연이라는 커다란 톱니바퀴의 작용과도 같은 것이다.

석양 햇살이 서부두를 감싸고 제주의 바다를 물들인다. 바다는 온통 붉고 노란 황금색으로 하루를 마감하려는 듯하다. 한라산이 하얀 고깔모자를 쓰고 제주시를 내려다본다. 동으로는 사라봉, 서쪽으로는 도두봉, 시내의 빌딩 숲과 함께 그려지는 저녁노을의 모습은 가히 경이로울 뿐이다.

그것뿐인가. 바다에는 고기잡이 어선들이 흔들거리는 선상에서 어획에 열중하는 소리가 귓가에 맴돌고, 돌출된 바위는 하얀 포말을 토해내고 있다.

바위벽에는 고등어, 갈치, 옥돔, 따치, 오징어, 복어, 숭어, 우럭, 졸락, 보들래기, 다금바리, 북바리들이 시나브로 그려나간다. 촌노인 어부가 빈짚무사 갈중이 점방이 길치고 던지는 낚싯대와 신세대 젊은 낚시꾼들의 모습이 마치 마네킹과 같다.

옛적 썰물이면 엉덕바위 돌무더기 구석구석에 먹보말 수두리 매옹이 코터댁이 문다두리 원보말 잡던 시절이 생각난다. 해녀들이 물에 들어 전복 소라 문어 해삼 성게를 잠수로 잡았었다. 또 미역 톳 차반

감태들은 낫을 들어 물가에서 걷어 들이던 해초들이었다.

초등생 정도의 어린아이들은 대나무를 이용해서 가까운 물가 돌 틈에서 보들래기를 낚고서는 못 먹는 고기라며 울상을 짓던 모습들이 눈가에 다가왔다. 제주 바다는 풍족했었고 사람들은 삶의 여유가 있었던 시절이었다.

'아하 그때는 그랬었지' 하고 눈을 감았다가 살짝 뜨자 모든 것이 사라져버렸다. 시야에 들어오는 것은 들끓는 관광객들의 분주함뿐이다. 씁쓸한 기분이 들어 망원대에서 내려왔다. 용두암이 있어서 추억이 살아나는 것인지, 내가 살아있음에 과거의 일들이 다시 현실로 다가오는 것인지 모르겠다.

떠나는 나의 등 뒤에서 용연은 무슨 답을 주겠지.

몽돌 이야기

제주도는 돌섬이다. 토양이 척박하고 메마른 환경에서 밭농사보다는 수렵생활을 했던 제주인들을 이해할 수 있는 대목이다. 한라산이 폭발하면서 생긴 다공질 현무암이 대부분을 이루고 있다. 구멍이 숭숭 난 돌의 특성 때문에 큰비가 내려도 산사태나 침수로 인해 피해를 보는 경우가 드물다. 표면에 흐르는 강이 없는 제주는 건천이다. 제주인들은 돌과 함께 살아왔다 해도 과언이 아니다. 살아온 풍습들 속에서 돌 이야기가 많다. 큰 돌을 가리켜서 왕돌이라고 하고, 잡석은 여러 가지 형태를 가진 쓸 용도가 덜한 돌을 두고 말한다.

널판같이 평평한 돌은 판석, 땅속에 박혀 나비 형태의 모양을 가진 돌은 나비석, 역시 땅속에 묻혀 있으면서 개 발자국 그려진 돌은 개발석, 돌담을 쌓아 올린 것은 잣담, 밭의 경계를 나타내는 돌은 밭담, 사람이 지나가다가 쉬라고 놓아둔 돌은 쉼돌, 자갈과 작지는 아주 작은 돌멩이들을 칭한다.

제주의 돌 중에서 제주인들에게 친숙한 돌이 있다. 지금은 사라져 버린 돌이지만 등돌이 있었다. 마을마다 젊은이들의 힘겨루기로 쓰였다. 당시에는 지금의 운동기구의 역할을 했으며 방앗간 연자방아를 굴리던 돌이기도 했다. 맷돌은 어떤가. 가루를 낼 때는 이만한 기구가 없을 정도다. 집을 지을 때 기둥을 받쳤던 주춧돌도 있다.

돌을 활용하기 위해 돌을 다루던 사람들도 있었다. 돌의 모양을 내는 석각인, 돌을 다듬어 집을 짓는 석공, 돌을 이용해 예술작품을 만드는 석예사 등이다.

돌에 대한 속담도 있었다. 사람이 되려면 주춧돌이 되어라, 사람을 도우려면 팡돌이 되어라, 사람이 못되면 걸림돌 노릇밖에 못 한다. 나는 이러한 돌중에서 가장 애착이 가는 돌이 있다. 내 인생의 파노라마와도 같은 돌이다. 몽돌, 이 돌은 출생부터가 기구하다. 밭에 있을 때는 작지였다가 농사를 위해 밖으로 내다 버리면 자갈이다. 사람이나 우마가 지나가면서 채이고 햇볕에 그을린다. 그러다가 빗물에 쓸려 냇가로 떨어지면 구르고 굴러서 바다로 간다.

바람이 불어 파도가 치면 이리저리 굴러다니며 제 형태를 잃어버린다. 숭숭한 구멍도, 모난 모양도 사라져버린 몽돌이 되어버린다. 몽돌은 작아 주체성이 없이 파도에 밀려서 사르륵 굴러다니기만 한다. 시간이 흐름에 따라 몽돌의 모양뿐만 아니라 크기도 달라져 아주 작아지기만 할 뿐이다. 몽돌 인생처럼 사는 사람들도 허다하다. 운명의 장난 속에 이리저리 채이면서 한 생을 살아가는 몽돌과도 같은 인생, 얼마나 고달픈 인생인가.

내 삶에 있어서 세월의 바다는 언제쯤 그칠지 모르겠다.

제2부

꿈에 본 어머니

어성 살아봤사 허주 / 어린 영혼 홀로 남던 그 날
꿈에 본 어머니 / 병원 침상에서
요양원으로 간 소꿉친구 / 돌봄이에게
물가의 수양버들 / 육신이라는 동행자 / 꼰대
고독한 예술인 / 해안도로의 우동집
구엄 앞바다의 조약돌 / 권력의 속살

어성 살아봐사 허주

오늘따라 제주어가 그립다. 어렸을 때 조부모나 부모에게서 들었던 정감어린 말들. 고향의 아늑한 정취가 모두 잊혀가는 것 같다. 산천초목은 그대로라고 하나 지금 그곳에는 낯선 아파트가 초가집을 밀어냈고, 먼지가 폴폴 날리던 고샅길이나 신작로는 온데간데없다. 삶의 편리만을 위해 조상들의 고향을 없애는 신세대에 대한 미움은 없지만, 서운한 생각이 드는 것은 사실이다.

시대가 변했다. 사회에서는 청년들의 일자리나 소득 격차가 문젯거리로 들썩이고 있다. 분명, 먹는 문제가 해소된 것은 사실인데 상대적 빈곤이라는 관점에서 다 함께 살자는 외침인 것 같다. 그것이 나쁘다고 생각하는 것은 아니나 우리 사회의 변동이 너무도 빠르고 논리에 뭔가 모순된 점이 있다는 생각이 든다.

이때 먼저 살다 간 조상들은 우리에게 어떤 말을 해줄 것인가. "못 준디게 살아 봐사 허주!" 이 말은 '견디기 힘들 만큼 살아봐야 한다'

는 제주어다. 과거 제주의 민초들이 초근목피로 연명하며 살았던 가난의 생활을 한 번쯤은 되새겨보라는 의미를 담고 있다. 가난의 생활이 얼마나 힘들고 긴 시간이었을까.

"돗 당 푸더지민 일어낭 그 직시 더 드랑 걷곡" '달리다가 넘어지면 일어나서 바로 더 뛰거나 걸어가야 한다.'는 말이다. 생활에 지쳐 실의에 차 있어도, 다시 희망 속에 살아왔다는 조상들의 의지를 담고 있다. 쉬운 일이 아니었다.

요즘 분리수거함에는 버려진 물건들이 가득 쌓여 있다. 아직도 사용하는데 불편함이 없는 데도 편리한 신상품에 밀려 폐기되는 것이다. 없는 것이 아니라 있는 것을 버리는 현실이다. 모든 게 풍족한 환경에서 자라는 신세대들에게는 당연한 처신이라고 볼 수 있겠지만.

"어성 살아봐사 허주." '아무것도 없이 살아봐야지.' 이 말은 오늘날 신세대에게 민초들이 주는 메시지가 아닐까. 산다는 것이 간단한 것은 아니다. 좋은 시절에 태어났다고 과거를 흘러간 도랑물로 여겨, 기억에서 사라져서는 미래가 없다. 우리가 일상에서 사용하는 것은 자연에서 도출된 것들이 아닌가. 마구잡이식으로 자연을 훼손하면서 삶의 방식을 바꾸다 보니, 자연은 인간에게 시련을 주는 것이다. 이상기온 현상이나 미세먼지의 공습은 인간이 만들어낸 결과물이다.

"지들거 시카, 불스물게 시카, 때 7슴이 시카, 솥에 낭 괴울게 시카." '땔감도 없고, 만들 음식도 없고, 한 끼 먹을 것도 없고, 솥단지에 담아서 삶을 것도 없었다.' 빈 부엌에서 먹을 것을 걱정하던 우리네 어머니들의 탄식과 울음소리가 들려온다.

"쇠짐은 벗겨지고, 아긴 아여치고, 잿은 잔뜩 불고, 굴중이 곰은 클어지고, 오줌은 바싹 무렵고, 짚신끈은 끈어졍 동도 서도 못 등기키여."(소에 짐은 싣고 가다가 넘어지고, 등에 업은 아기는 울기만 하고, 젖은 불어 아프고, 묶은 아래 옷끈은 풀어졌다. 소변은 급하게 마렵고, 짚신 끈은 끊어져서 이러지도 저러지도 못하는 신세라네)

밭일하고 돌아오는 시골길에서 일어나는 안타까운 이야기다. 얼마 되지 않은 양식을 소등에 싣고 오다가 넘어진 상황에서 아기는 울고, 아내는 젖통으로 아파하는데, 짚신 끈이 끊어져 발광하는 소를 제압하지 못하는 남편의 나약함이 묻어나오는 말이다.

오래전 우리가 잊었던 고향의 목소리들이 아닌가. 그들은 우리에게 교훈적인 한마디를 던진다.

"외명 호모를, 싸우명 호모를, 제끼명 호모를, 춤으멍 호모를 호영 살아신디, 허리는 질매가지, 머리는 백발, 양지는 주름 고랑, 꽝은 와드득 와드득, 심쭐은 짜르륵 짜르륵, 괴기줍은 지근지근, 아이고 아이고 주줍흐다."(한때는 큰소리도 지르면서 살았고, 한때는 싸움질도 하면서 살고, 한때는 다툼질하면서 살고, 괴롭고 힘들고 못 견디면서도 살고, 참아가면서도 살고, 그렇게 살다 보니, 허리가 소기르마 가지처럼 꼬부라지고, 머리는 백발이 되고, 얼굴에는 주름살이 고랑같이 쳐지고, 뼈는 와득와득 소리 나고, 신경은 짜르륵짜르륵 통증이 오고, 근육은 지끈지끈 아프니, 아이고 아이고 괴로운 인생이다)

지난 세월 어려웠던 제주 민초들의 모습이다. 오늘날 우리가 부끄러워 버리고 싶었던 부모들의 삶이다. 잊는다고 잊힌 것이 아니다. 그것은 진실이며 우리들의 뿌리이며, 연연히 풍겨오는 고향의 내음이다.

어린 영혼 홀로 남던 그 날

삶의 시작은 누군가에 의해 시작되는 것일까. 부모를 통해 잉태됐으니 부모가 살던 곳이 고향임은 틀림없다. 그러면 부모의 시대와 맞물린 상황에서 자녀의 생애가 결정되는지 모르겠다. 상황에 따라 자녀의 삶 또한 결정되고 그렇게 살아가야 하는 것이 창조주의 부름이라고 하면 할 말이 많다. 왜 부모의 삶을 자녀가 이어받아 살아가야 하는가. 세상에 태어난다고 하는 것은 무언가 세상에서 할 일이 있다는 것을 의미한다. 그것이 부모의 환경과 같을 수는 없다.

1949년 음력 11월, 나는 마마병으로 한 달을 앓고 있었다. 굶주림과 열병에 시달려 기력은 다 소진됐다. 열한 살이 되던 해, 장전마을은 4.3사건으로 불안한 시국에 소개령疏開令이 내려졌다. 산 사람들을 진압하기 위해 경찰과 진압군들이 중 산간에 있는 마을 주민들을 해안지역으로 강제로 이동을 명한 것이다. 경찰과 진압대는 보급로를 차단하기 위해 중 산간 마을을 초토화하려는 작전이었다.

나는 장전마을에서 부모를 따라 용흥마을로 갔다. 소개령으로 가을 추수도 하지 못한 채 이웃 마을에 와서 방 한 칸 빌려 살았다. 먹을 것이 없어 굶주리며 상황이 종료되기를 기다렸다.

외할머니 제삿날이었다. 어머니는 나를 외삼촌댁으로 보냈다. 제삿밥이라도 배불리 얻어먹을 요량으로 길을 떠났다. 동귀마을에 사는 외삼촌댁은 5킬로나 되는 먼 거리다. 용흥마을에서 중엄마을을 넘어 수산봉 앞 원동산이란 높은 오르막길을 넘어야 했다.

어린 나는 비포장 고샅길을 걷느라 힘들었다. 흰 쌀밥을 먹고 싶었던 욕심보다 먼 길을 걸어가야 하는 상황에 지쳐서 쓰러지고 말았다. 아무리 용을 쓰며 일어나려 해도 다리를 펼 수가 없다. 괜한 걸음이었을까. 날은 저물어가고 사위는 시야에서 멀어지고 있었다. 불안한 마음에 어머니를 부르며 가슴을 쥐어뜯으며 몸부림쳤다.

날씨는 추워지고 해는 저물었다. 어린 마음에 죽는구나 하는 순간 일어나야 한다는 용기가 솟구쳤다. 하귀를 지나서 군냉이 작짓동네로 가는 길은 병풍 시냇물이 흐르는 곳이다. 물길을 건너야 한다. 물가에 서서 사방을 둘러보니 땅서미가 지고 사방은 어두컴컴했다. 물길을 건널 힘은 없었지만 주저앉으면 일어날 수가 없다. 물길 얕은 곳으로 조심스럽게 한발 한발 내딛으며 물가를 건널 수가 있었다.

컴컴한 곳에서 저 멀리 희미한 호롱불이 비치고 있었다. 외삼촌댁이다. 싸리문을 열고 쓰러질 듯 들어서자 외사촌 형이 깜짝 놀라며 나를 반겨주었다. 어린 내가 용흥마을에서 혼자 걸어왔다는 것이 대단했던 모양이다.

외삼촌이 사는 곳은 바닷가 마을이다. 외삼촌은 성 해녀로 해산물을 채취하는 일을 하고 사촌 형은 덤장을 하고 있었다. 그래서인지 제사상에는 문어 우럭 물이슬 해물들이 가득하다. 남겨둔 음식을 꺼내며 먼 길을 왔으니 먹으라고 푸짐한 상을 차려주었다. 굶주린 나는 걸신들인 사람처럼 먹고 제사를 지냈다.

날이 밝자 장전마을로 떠났다. 내일이 양력설이 있는 날이다. 설은 작은아버지 사는 곳에 지내기에 혼자 작은아버지가 사는 함바에 갔다. 당시 장전마을은 소길 장전 금덕 세 개 마을을 집단으로 생활하는 함바 촌이었다. 소개령으로 인해 마을 주민들을 수용하기 위해 임시 마련된 숙소이다. 돌과 흙을 다져 공간을 만들고 지붕은 소나무 가지와 풀을 덮어 비와 바람을 막는 정도의 시설이었다.

좁은 공간에 누웠다. 흙방에는 가축 오물 냄새가 진동했다. 제사상에서 먹은 해산물에서 문제가 생겼는지 아니면 가축의 오물 냄새가 원인이 됐는지 모르지만, 아침이 되자 극심한 복통으로 사지가 축 늘어지더니 실신해버렸다. 작은어머니는 의식을 잃어버린 나를 보고 당황하였다. 설을 준비하기 위해 음식을 장만해야 하는 상황에서 어린 조카가 변을 당했으니 기가 막히고 난처한 아침을 맞이하게 된 것이다.

그때 친족 한 사람이 화급히 대문을 밀치며 들어섰다. 용흥마을에서 아버지가 돌아가셨다는 비보였다. 사람들이 웅성거리는 가운데

나는 비몽사몽을 헤매다 깨어났다. 몽롱한 정신 속에서 아버지가 세상을 떠났다는 소리가 귓가에 웅웅거리며 아련하게 들려왔다. 나는 청천벽력과 같은 비보에 일어나 용흥마을로 내달렸다. 아버지는 싸늘한 시신이 되어 방에 눕혀 있었다. "아버지!" 하며 시신 앞에 쓰러져 의식을 잃어버렸다. 친척들이 나를 깨우려고 애를 썼지만, 아버지와 함께 나의 육신도 식어가고 있었다고 한다. 어머니는 나를 껴안고 당신의 방으로 데려갔다.

시국의 혼란한 가운데서도 아버지 장례에 친척들은 마을 공동묘지에 아버지의 시신을 매장했다. 어머니의 두 눈에서 철철 흐르는 피눈물에 마을 사람들은 모두 함께 흐느꼈지만 방 안에 누워있는 아들을 매장해야 하는 피할 수 없는 운명이 기다리고 있었다. 친척들의 안쓰러운 시선을 피하며 돌아온 어머니는 아버지와의 이별을 뒤로한 채 아들의 방으로 들어섰다. 군용 담요에 싸여있는 나를 품에 안고는 하염없는 눈물을 흘렸다. 마당에는 친족들이 삽과 곡괭이를 들고 또 하나의 장례를 기다리고 있었다. 어머니의 마음에 순간 따스한 온기가 찾아왔다. 아들이 살아있다고 울부짖는 큰 소리가 방안에서 마당으로 흘러나왔다. 어머니는 친족들에게 "내 아들이 숨 쉬고 있다! 분명히 살아 있어요." 라고 큰소리를 질렀다. 마당에 있던 사람들이 웅성거리는 소리가 들려왔다. 사람들은 아버지가 떠나면서 아마도 어린 영혼은 남겨 놓고 떠났을 거라며 한 마디씩을 하며 집으로 돌아갔다.

참으로 힘든 질곡과 같은 시절의 기억들이다. 지난한 시대를 건너온 삶의 고단한 비애를 곱씹어본다. 지금 팔십을 넘긴 나에게 준 삶의 의미는 무엇이었는지 스스로에게 물어보고 싶다.

꿈에 본 어머니

사십 년 인생,
나를 낳고 등에서 내린 날이 없던 세월
눈은 어둡고 몸은 허해져 집안은 찢어지게 가난했던 시절
누구의 도움 없이 그 많은 날을 보냈으니
등에는 마를 새 없이 흐르던 땀방울
온몸 땀띠가 가시지 않았으리
행여 업은 것 깰세라 살금살금 걸음 옮기시고
정지에서 그릇 하나 만지면서도 조심조심
지팡이 짚고 길을 걸으면서도 등에 업은 어린 것 걱정으로
옹기 진 발 두 눈에는 핏발이 서렸었네

나를 먹이고 입히고 정성스럽게 키워주신 우리 어머니
저세상 떠났으니 잊을 날이 없어라
꽃이 됐을까 나비가 됐을까 새가 됐을까 바람이 됐을까
꿈에 찾아가 어머니 손잡고 흐르는 물가에 앉아
손발을 씻어 드리다 보니 꽃잎 위에 나비 살포시 앉았다 날아가고
새 한 마리도 그 자리에 함께하다 떠나가네
어느새 명지바람 산산하게 불어와 어머니 얼굴 만지고 간다

깨고 보니 꿈이더라
꿈에서나 보는 어머니 눈물로 이부자리가 다 젖었구나.

병원 침상에서

　병원 침대 위에 하얀 가운 입고 누었다. 팔십을 넘긴 내가 거쳐야 할 곳이라는 것을 인정 못 하는 것은 아니다. 아직 정신은 말짱하다고 느껴지지만, 육신의 여러 곳에서 욱신거리며 제동 거는 것은 어쩔 수가 없는가 보다. 의사 선생님은 힘든 데는 없느냐는 말씀을 하지만, 수혈 받는 나에게는 현실을 받아들일 수밖에 없다. 종합병동인 내 몸에게 안녕하냐고 묻는 것과 다름이 없다. 내가 할 수 있는 말은 '네 감사합니다' 뿐이다.

　주말마다 진찰해주시는 선생님에 대한 감사와 존경의 배려를 마음으로 받아들이지만, 순간적으로 직업적인 느낌을 받을 때가 있다. 십여 년 넘게 찾아드는 병원에서 차곡차곡 쌓이는 나의 병원 차트가 삶의 이력서가 되고 있다. 의사와 간호사들은 침대에 누운 나의 상태를 보기 전에 차트를 보고 나의 상태를 물어보곤 한다. 당연한 일이지만, 의학에 대한 전문지식이 없는 나에게는 불편한 진실일 수밖에 없다.

　어제보다는 오늘 이 순간의 모습이 다르다는 것을 듣고 싶다. 물론 자료는 중요하지만, 상대방을 대할 때 선입견이라는 것이 전문적인 직업을 갖는 사람에게 현시적 판단에 오류를 범할 수도 있다는 생각이다.

　환자는 환자일 뿐, 그냥 전문의에게 몸을 맡길 뿐이다. 하지만 살아 있을 때까지는 살아야 한다는 실오라기 같은 희망을 붙잡고 있다. 몸이 허약하니 모든 판단이 흔들리고 마음의 안정을 찾을 수가 없다 해도 생명의 끈은 의사가 아닌 영혼에 맡겨본다.

　무릇 육신의 사멸이 온다 해도 거부할 권한이 없다는 것을 안다. 전문의들의 판단 속에 삶의 종착점을 정하고 싶지는 않다. 손가락 하나가 움직이는 순간까지 삶의 과정은 나에게 맡겨져 있다. 그것이 내가 살아있다는 표징이며 생명을 주신 부모님의 선물을 지키는 나의 본분이라 본다.

　창문 안으로 밝은 햇살이 침대를 밝힌다. 어두웠던 마음이 환해짐을 느낀다. 아직은 내가 세상의 한 구성원으로 존재한다는 작은 희망의 끈을 간절히 붙잡고 있다. 내가 할 수 있는 것은 많지 않다. 아주 조그만 일이겠으나 그것을 실천하는 것은 마지막 남은 나의 의지일 뿐이다.

　도전한다는 것은 나이와는 관계없다고 본다. 젊었을 때의 용광로 같은 패기가 있었다면 노년기에 차분하고 냉정한 연륜의 에너지가 있다. 세상은 언제나 새것을 찾고 이미 버려진 것은 재활용 쓰레기봉투로 들어가는 것이 현실이다. 자신만이 갖은 에너지는 사람들에게 비웃음과 조롱으로 다가올 수가 있다. 노년의 에너지는 빌빌거리는 발동기와 다름없다.

 아픈 삶의 도전은 쉽지 않다. 용기 있는 노력으로 주변과의 불협화음이 아니라, 할 수 없다는 좌절감에 빠져버린 자신을 사랑하고 설득하는 지혜가 필요하다. 삶에서 가장 중요한 것은 자신이 존재하는 즐거움이며, 가장 불행한 것은 타인의 부귀영화와 자신을 비교하는 것이다.

 타인은 타인일 뿐 내 삶의 영역에는 없는 존재였다는 것을 팔십이 넘은 이제야 깨닫는다. 후회한다. 왜 내가 자신을 사랑하지 못하고 타인의 비교 대상으로 끊임없이 자책했는가를.

 오늘과 함께 시작하는 일상생활에서 육신의 부조화를 돌아보고 최선을 다하겠다는 마음을 먹는 것이 중요한 것이다. 좁쌀 같은 인생에서 알맹이 하나만으로 족하다는 생각으로 세상과 벗하고 싶다.

요양원으로 간 소꿉친구

　세상은 참 오묘하다. 흐르는 강물과도 같이 시공간에 따라 다른 모습으로 힘들기도 하고 황홀한 기쁨을 주기도하기 때문이다. 코로나 바이러스가 만연했던 지난 2년간의 시간을 돌아보면 인간이 할 수 있는 것에 대한 한계를 느끼게 한다.

　바이러스가 만연하기 전, 죽마고우가 요양원으로 간다는 말을 했다. 시내에 사는 아들 내외가 홀로 사는 것이 외롭게 보였는지 시설에 가시면 새로운 친구들도 있고, 아프면 쉽게 치료를 받을 수 있다는 것이다. 그저 그럴 것이 마누라를 먼저 보내고 홀로 사는 것이 청승맞게 보였는지 아들 내외의 요청에 고민하고 있었다. 시골에 터를 잡고 살아온 친구는 그냥 살아온 대로 살고 싶다고 했지만, 지병인 천식으로 고생하는 모습이 가까이에서 돌보지 못하는 아들 내외의 근심거리라는 생각에 쉬 결정을 내리지 못했다. 이제 팔십을 넘긴 우리에게 무슨 힘이 있을까. 시설이 좋다는 말에 아들 내외의 말을 들는 것이 좋다고 말했다.

언뜻 젊은 날 찾았던 전남 고흥에 있는 나병 환자촌이 떠올랐다. 1950년대 전쟁으로 가난과 병고에 시달리던 피폐했던 시절이었다, 정부에서는 소록도에 나병 환자 집단 수용소를 만들었다. 나병은 불치병으로 치료가 안 되는 병이었다. 손발이 붓고 머리카락과 손발톱이 빠지고 고름으로 육신이 썩어 외모가 볼썽사납다. 소록도는 모두가 외면하고 버림받은 섬이 되어 버렸다. 환자들은 절망과 좌절의 공간 안에서 죽음의 일상을 지내고 있었다.

1962년 정부에서는 외국인 간호사들을 모집하였다. 이때 오스트리아에서 간호학교를 갓 졸업한 마리아라는 여성이 소록도로 들어왔다. 그녀는 나병 환자를 위하여 봉사하고 희생하며 50년의 세월을 함께했다고 한다. 평생을 나병 환자 곁에서 삶을 다한 그녀의 숭고한 정신에 감동하였던 기억 속의 요양원을 생각했다.

소꿉친구는 며칠 후에 요양원으로 갔다. 혼자 살면서 삼시세끼 스스로 해 먹는 것보다는 시설에서 해주는 밥을 먹으면서 새로운 친구들과 사는 것도 괜찮다는 생각이 들었다. 늙은 할멈이 해주는 밥보다는 젊은 아낙들이 해주는 밥이 더 맛있을 거라는 말을 했다가 집사람에게 혼이 났지만, 친구가 은근히 부럽다는 생각이 들었다.

코로나바이러스가 온 세상을 덮쳤다. 요양원 시설에 있는 이들이 먼저 접종 하고 나이 든 사람들도 접종했다. 친구가 보고 싶어 몇 번 찾아갔었는데 거리 두기로 요양시설은 접근 금지지역이 되었다. 가까운 아들 내외도 면회가 되지 않는 날이 계속되었기 때문이다. 갑자기 친구가 지병으로 세상을 떠났다는 소식을 들었다. 아들 내외도 운명의 순간을 지켜보지 못한 채 입관하고 화장터로 들어가는 모습을 창문으로 보았다는 것이다. 한 줌의 재를 안고 봉안실에 모셨다는 말에 충격을 받았다.

과학기술과 의료시설이 현대화된 오늘날에도 부모의 임종을 보지 못하는 자식들의 마음은 얼마나 쓰리고 아픈 심정이었을까. 어쩌면 현대판 고려장의 모습으로 비치기도 했다. 병든 부모를 모시지 못하는 자식들이 편리함만을 생각하고 부모를 버린 것이 아닌가 하는 의구심에 슬펐다.

부모와 자식의 만남과 헤어짐은 자연의 이치일 것이다. 태어남의 순간에 느끼는 부모의 환호와 기쁨은 이루 말할 수가 없다. 새 생명의 탄생에 대한 기대는 삶의 동력이요 목적이었다. 삶이 다한 후 세상을 떠나는 순간, 나는 너를 위해 살아왔다는 자위적인 위로라도 있어야 하지 않겠는가.

요양원에서 세상을 떠난 친구를 생각하며 돌아보면 나 또한 그와 다름이 없다는 생각에 슬프다.

돌봄이에게

　이름도 모르고 성씨도 모르는 분으로부터 2년 동안 끊임없이 도움을 받았습니다. 감사하다는 말씀을 먼저 드립니다. 병원 문을 열고 입원하던 날, 허약하고 병든 몸을 맡기고 불안한 마음으로 침대에 누웠습니다.

　병원 생활을 시작하면서 걱정과 불안은 병고보다 더한 두려움이었습니다. 내 병에 대한 치료나 처방, 약제 복용도 모르는 나에게 찾아온 당신은 대리인이었습니다.

　당신은 아무것도 모른 채 누워있는 나에게 병원 생활에 대해 친절하고 자상하게 알려 주었고, 투석하는 시간과 음식 제공 및 침구 제공하는 것들을 도와주셨습니다.

　불안한 나의 마음을 안정하게 해주었죠. 물론 병원에서 자신들이 해야 할 일들이지만, 웃음을 잃지 않고 다가오는 모습이 너무나 믿음이 갔습니다. 나만을 위한 행동인가 하는 자의적 생각이었지만, 당신은 투석 병실에 찾아오는 모든 환자에게 저에게 하듯 정성껏 꾸준히 하시는 모습에 깊은 감동이 밀려왔습니다.

당신은 환자들에게 천사였습니다. 병원 생활에 대한 모든 것을 알려주시는 일과 치료에 대한 어려운 과정과 힘들고 괴로움을 함께 느끼면서 보살피는 손길에 감동과 존경을 보내지 않을 수가 없었습니다.

알다시피 투석 환자들은 불안과 좌절과 절망으로 창백한 수심이 깃들고 아픔에 신음하면서 삶에 대한 절박함에 사로잡힌 사람들입니다. 자신의 행동에 의한 병고일지라도 병원이라면 치유될 것이라는 희망 속에 찾아온 이들입니다.

마치 외로운 외딴섬에 남겨진 이들에게 가족과 같이 휠체어를 밀면서 부모가 자식에게, 아내가 남편에게 다정스럽게 대화를 건네는 듯한 모습이 너무나 아름답습니다.

당신은 자신의 직업이고 일상적인 일과라고 하셨습니다. 돌봄이란 직업이 목적과 자세를 견지해야 하는 일상적인 행동이라 하겠지만, 침대에 누워있는 우리에게는 따뜻하고 편안한 숨결과 같습니다.

고맙습니다. 주위 분들의 이야기를 들어보면 연로하신 생모님을 모시면서 병원 간호 요양사로 근무한 지가 오래되었다고 들었답니다.

따님이 하시는 일에 감동한 나는 당신의 어머님을 찾았습니다. 병원 환자로서 따님의 지극한 간호를 받으면서 삶에 대한 의욕과 희망을 새롭게 하고 있다는 말씀을 드렸습니다. 그 말에 어머님은 자연스럽게 시간이 되어 타인에게 봉사한다는 것이라는 말에 감동했습니다.

모친을 지극한 정성으로 시중하는 효녀이면서 병원에서 힘들어하는 가련한 이들에게 간호하는 당신에게 존경을 표합니다. 앞으로도 아름답고 건강하고 고맙고 착한 효녀가 되기를 바랍니다.

세상이 아름다운 것은 소소한 이들에게 사랑의 빛과 소금이 자리하고 있는 누군가가 있다는 것을 느끼게 해주기 때문입니다. 당신은 태양의 빛입니다. 소중한 생명을 위하여 빛을 주고 있네요. 그 빛은 그늘진 곳을 열어주는 열쇠입니다.

자연에서 주는 빛보다 몸으로 만져주고 보살펴 주는 당신의 손길은 더욱 소중하고 가치 있는 선물입니다.

당신은 사랑이십니다. 병들고 거동 못 하는 나약한 생명에게 위안과 희망을 주십니다. 그런 당신에게 갸륵하고 깊은 감사를 드립니다.

그대는 나에게 빛입니다. 넘치도록 빚은 사랑에 고마움에 넘치고, 친절함에 더하며, 희생과 봉사를 다 하는 그런 빛입니다.

세상에 무엇보다도 귀한 생명을 구원해 주며 사랑과 다정함으로 덮어주는 평온한 날개입니다. 가냘픈 이들에게 소망과 그늘진 곳에 희망을 비춰주는 아름답고 향기로운 빛이십니다.

늘 건강하시고 세상을 아름답게 꽃피우는 향기가 되기를 빕니다.

물가의 수양버들

미끼도 없고 낚싯바늘도 없이
물가에 앉아 물소리를 낚는다

귀가 없어도 흐르는 물소리 듣고
눈이 없어도 시냇물 바라보며
사시사철 물가에 앉아 있노라

햇살이 내리면 웃음 짓고
바람이 불면 춤을 추고
비가 내리면 촉촉이 두 발 담그고
흐르는 물에 젖어 있노라

육신이라는 동행자

　종합병원 침상에 누었다. 주사 수액이 똑똑 떨어지며 온몸으로 스며든다. 일주일에 세 번 눕는 침상에서 떨어지는 주사액 방울이 왜 이리 고마운가. 평생을 거침없이 살아왔던 내가 한 방울의 주사액에 의존하는 현실에 허탈함을 느낀다.

　살아있음에 아직 희망이 있다고 스스로를 위로해본다. 여섯 시간이 지나면 하늘을 볼 수 있다는 단순한 생각으로 축축한 병원 침대를 견디어 낸다. 투석이란 쉬운 병 치료가 아니다. 일주일에 세 번은 이와 같은 공간 안에서 똑같은 생각 속에 잠긴다.

　돌이켜보면 수많은 공간과 시간 속에서 내가 살아야 할 이유와 도전이라는 과제 속에서 부단한 힘과 노력을 다했다. 생존을 위한 것이라면 물불을 가리지 않았던 청춘의 불길 속에 온몸을 불살랐다. 그러던 과정에서 몸이 괴로워지는 것을 살피지 못한 내가 결국 병원 침대에 눕는 신세가 되었다.

팔십 년 동안 나에게 바친 몸뚱이가 대견하다. 제주 4.3의 아픔 속에 어머니의 포근한 모태에서 힘들게 나와 질긴 세월을 함께 했다. 고향을 떠나기를 싫어했지만, 나의 의지에 따라 낯선 육지에서 찢어지는 아픔을 혼자 감당하면서도 끙끙 앓는 소리만 내었다. 폭주로 정신이 혼미해진 나를 안전하게 숙소로 데려왔다. 다음날 기억이 없는 나는 그냥 본능적으로 집구석을 찾았구나 하며 위안했는데, 그것이 아니었다. 육신이라는 동행이 있었다는 것을 알지 못했다.

동행! 이 단어가 새롭게 들려온다. 보통은 아내라는 존재를 두고 하는 말이지만, 모태에서부터 함께 살아온 육신에 어울리는 말이다.

아내가 세상을 떠나고 난 이 시간, 병원 침대에 누워있는 나에게 희망을 주는 이는 오로지 쭈글쭈글한 나의 육신이다. 살아오면서 아무런 말도 없던 그가 이제는 말을 걸어오기도 한다. 당신과 함께 있었던 시간이 너무 힘들었지만, 한 번뿐인 세상의 하늘 속에서 감사했다는 것이다. 다시 주어지지 않는 공간과 시간 속에서 여생을 나와 함께 무덤으로 가는 날까지 사랑한다는 말이다.

등줄기가 축축하다. 어떤 눈물일까. 나를 만난 후회의 눈물인가 아니면 삶의 종착점에서 용서의 눈물일까. 힘겹게 등 뒤로 손을 내밀었다. 진한 액체가 손바닥으로 전해졌다. 전에는 불쾌한 감정이 일었는데, 오늘의 느낌은 사뭇 다르다. 손을 얼굴에 대었다. 쾌쾌하리라 생각했는데, 오히려 세상을 떠난 늙은 아내의 입술에 배였던 향긋함보다 더 진했다.

평생을 살아오면서 소리 없이 사랑으로 함께 했던 이가 육신이었다. 단 한 번도 잔소리 없이 내조해왔던 이를 모른 채 살아온 내가 죄인이다. 이제야 진정으로 사랑한다고 말한다.

오늘도 나는 침상에 사랑하는 이와 함께 누워있다. 내가 애무하는 손바닥에는 그의 눈물이 없다. 그러나 그는 나의 오랜 육신의 주인공이었고 나의 집이었다. 늦었지만 사랑한다는 말과 고맙다는 인사를 건넨다.

꼰대

삶의 끝자락은 이런 것일까. 어쩌면 나는 좀비와 꼰대의 모습으로 일상을 살아가고 있다. 꼰대는 늙은이가 다 된 사람이다. 사회에서 떨어져 나가 버려지고 멸시당하며 소외감을 느끼는 존재인가 보다.

내 나이 팔십 중반이다. 마을의 어른으로 대접받던 때가 엊그제 같은데, 이제는 주책없이 나서지 말라는 은근한 눈치를 받는다.

일제 강점기에 태어나 시대의 아픈 역사 소용돌이에서 삶의 짐을 벗고 떠나는 이들과 새로운 이웃으로 찾아오는 이들을 지켜봤다. 슬픔과 기쁨의 순간을 마을과 함께한 시간이 주마등처럼 지나간다.

어린 시절, 군복을 입은 일본인들이 점령군처럼 마을을 휘젓고 다녔다. 처음에는 무섭고 두려운 존재로 살기가 돌았지만, 막상 그들과 함께하는 동안 그들도 우리와 같은 사람이구나 하는 것을 느꼈다.

어느 날 일본 군인들이 마차를 끌고 언덕길을 올라가는데 꽤 힘들어하는 모습을 보고 따라가 밀어준 적이 있다. 마차를 밀어준다고는 했지만, 바퀴보다 작은 나는 오히려 마차에 대롱대롱 매달린 듯했을 것이다. 그런 모습을 본 일본 군인들은 어린놈이 착하다며 건빵 몇 알을 주기도 했다.

태평양전쟁이 끝나고 일본 군인들은 썰물같이 마을에서 사라졌다. 마을 사람들은 태극기를 흔들며 만세를 불렀다. 해방은 두려움을 없애고 평화의 기쁨을 가져왔다.

그러나 그런 분위기는 순간이었다. 일본군들이 사라진 공간을 메운 것은 4.3이었다. 적과 아군이 구분되지 않는 혼란의 수렁에 빠진 것이다. 소개 명령이 내려지고 우리는 해안 마을로 옮겨졌다. 6.25와 함께 전란이 사라진 마을은 잿더미였다.

삶의 터전이 완전히 사라진 폐허에서 초가집을 짓고 밭을 일구어야 했다. 당시의 가난과 고통은 말로 형언할 수가 없다. 산간 마을이라 밭농사가 그리 시원치 않았다. 그렇게 힘들었던 보릿고개를 수없이 넘으면서도 마을 사람들은 삶의 희망을 놓지 않았다.

연못을 만들어 수원지를 개척하고, 감귤나무로 과수원을 조성했다. 그런 과정에 청년회장과 마을회장직을 거치며 한 몫을 담당했다는 자부심은 삶의 중요한 가치였다.

이제는 나 또한 먼저 간 이들의 뒤를 따라갈 것이다. 세월이 남긴 것은 심장 수술과 대장암, 신장 수술, 인공 혈관 수술 2급 환자로 깨지고 뭉그러진 육신뿐이다. 하지만 살아 숨 쉬는 영혼 속에 불타오르는 것이 있다.

　꼰대라 부르지 마라. 앞서간 이들의 삶도 그렇거니와 마지막 숨을 남겨놓은 나의 삶 속에는 후세들을 위한 희생과 고귀한 정신이 흐르고 있다는 것이다. 숲을 이루는 소나무의 푸름 속에는 뿌리를 지탱하고 있는 영양분이 살아 숲을 이루고 있다. 사회가 건강하다는 것은 선인들의 정신이 아직도 그 안에서 살아 움직이고 있다는 것이다.

　오늘의 대한민국은 어떤가.
　경제적 사회적으로 세계 10위 안에 드는 부유한 국가로 우뚝 섰다. 강점기를 극복하는 과정에서 독립군들의 흘린 피와 설움, 건국과 전쟁을 이겨내며 민족의 혼을 지켜온 이들, 근대화의 물결 속에 절망을 희망으로 만들기 위해 흘린 눈물과 땀, 이들을 꼰대라고 평가할 수는 없다.
　역사를 아는 이들은 꼰대라는 말을 함부로 말할 수 없다. 역사는 시대의 고리와 고리를 이어가는 과정이다. 그 시대의 사람들을 소외시키고 버리고 바닥 인간으로 취급하는 세대는 역사의 물결 속에 있지 않다.
　물론, 시대에 뒤떨어진 뒷방 노인들의 말과 행동이 적절하지 않다는 것을 알고 있다. 그런 모습이 답답하고 귀찮게 여길 수 있다는 것도 이해할 수 있다. 하지만 오늘의 주역들은 그들의 잔소리를 들어야 하고 참을 수 있는 인내의 그릇을 가져야 한다.
　사회의 어른으로 인정하고 존중하는 후손으로 지역의 중심이 되어야 한다고 말하고 싶다. 그들은 아픔의 역사를 살아 이겨낸 이들이다. 그들의 역사를 곰곰이 사려 하지 않는다면 그와 같은 아픔의 역사를 되풀이할 수 있기 때문이다.

꼰대라는 말은 사라져야 할 단어이다.

고독한 예술인

 한 통의 우편물이 꽂혀 있다. 그림을 그리는 지인이 개인전을 한다는 내용과 함께 작품들이 담긴 소개장이다. 시간을 내어 전시장을 찾았다. 하얀 벽에 곱게 전시된 작품들이 편안한 지인의 미소와 같이 다가왔다.

 워낙 유명한 화가라 사진으로 실린 작품들이 단순한 것 같지만, 찬찬히 들여다보며 작품의 의미를 곰곰이 새겨보았다. 제주 환경에 대한 작품 중에 억새꽃이 만발하게 피어있는 들판에 시선이 멈추었다. 어떤 물감을 사용했는지는 모르겠지만, 억새꽃이 바람이 날리는 형상을 볼 수가 있었다. 그림은 억새꽃으로 색칠되었는데, 정적인 도화지에서 가을의 하늘과 구름, 바람이 살아 숨 쉬는 모습으로 불고 있었다.
 화가는 그림을 그리는 예술인으로 생각했던 나에게 크나큰 충격으로 다가왔다. 풍경을 보는 것이 아니라 그 속에 담겨있는 혼을 담고

자 노력하는 분야라는 것이다. 동물적 감각으로 쳐다봤던 나는 부끄러움을 감출 수가 없었다. 글을 쓴다는 내가 다른 분야에 대한 감각이 이렇게도 낮은 수준이었다는 것을 알았다. 중학교 시절 역사 시간에 구석기인들이 그렸다는 벽화, 중세시대의 천지창조를 그렸던 미켈란젤로, 현대에 들어서 유명한 화가들이 작품들 속에 역사와 그 시절의 문화가 담겼다는 것을 느꼈던 시간이다.

인간이 추구하는 것은 무한하다. 그것은 시대를 초월한 인간의 영역인 것 같다. 지구상 수억의 동물 중에서 인간만이 갖는 자유의지의 힘인 것이다. 삶의 편리함을 위해서 만든 나무바퀴가 아스팔트를 조용히 누비는 고무바퀴가 되었고, 마차가 자동차로, 자동차가 하늘을 나는 비행기로 발달하는 과정을 문명이라고 부른다.

이러한 과정에서 인간이 겪는 힘든 과정을 분석하고 기록해 나가는 것을 문화라고 할 때, 문화는 인간이 공동사회를 이룩하고, 함께 누리는 삶의 생각과 양식, 사고의 표현을 체계적으로 표현한 것이라 본다. 언어 예술 종교 지식 도덕 풍속 등 사람들이 누리고 이용되는 모든 것이 문화 활동이라 생각한다.

인간들은 그 속에서 삶의 희로애락을 담는 행위로 예술이라는 영역을 발전시켜왔다. 말과 언어를 통한 의사소통 외에 그림과 조각을 활용해 자신의 자유의지를 표현하면서 그 시대의 역사 한 부분을 차지하고 있다.

소통에서 언어는 원시인들에게도 통했지만, 문자로 기록을 읽어나가는 행위는 청동기 시대이거나 철기시대였을 것이다. 그 시절 그림으로 표현되는 예술은 답답한 소시민들에게 소통의 창구였을 것이다.

예술은 단지 작가의 소유물이 아니다. 작가가 그려내고자 하는 작품의 대상에 대한 애절한 관심과 사랑이 전달되고, 그 대상이 그렇게 작가에게로 다가와야 진정한 작품으로 승화되는 것으로 본다.

어느 한쪽만의 사랑으로 그려낸 그림이거나 시 수필 소설들은 짝사랑에 불과한 반쪽일 뿐이다. 그래서 작가는 작품의 대상과의 소통을 위해 빛과 어둠을 끊임없이 방황하게 된다. 현실에 대한 과제 중에서 무엇이 진실이며 거짓인가를 탐색해야 하는 분별력을 가져야 한다.

그것이 그리 쉬운 일인가. 어렵다. 예술은 과거와 현재를 잇고 미래를 남기는 기록의 분야다. 그러므로 현재를 진단하는 역사성을 지니고 있기에 좌고우면해서는 안 된다고 본다.

예술인은 고독해야 한다. 펜은 칼보다 강하기 때문이다.

해안도로의 우동집

오랜만에 시내 나들이를 나섰다. 몇 남지 않는 지인과 함께 해안도로를 걸었다. 세상이 변했다는 지인의 말에 변한 것은 보이는 외형일 뿐 사람 사는 세상은 단순하지 시대를 구분하는 것은 아니라는 말을 했다. 고개를 갸우뚱하는 지인은 내 말을 쉽게 수긍하는 눈치가 아니었다.

곽지를 지나 한림으로 들어서는 귀덕의 어느 바닷가에 다다랐다. 허기진 우리는 식당을 찾았다. 가까운 우동 가게가 있어 발걸음을 옮겼다. 조그만 식당이라 간단히 먹고 갈 생각으로 가게 앞에 섰다. 줄 지어 선 사람들의 끝자락에 꼬부랑 할배 둘이 자리했다. 시간이 지남에 따라 한걸음 옮기는 순서 속에서 한 끼를 해결하는 것이 이렇게 기다려야 하는가.

과거에는 늙은이들을 배려하는 차원에서 양보하는 미덕이 있었는데 하는 생각이 들었지만, 옆에 선 지인은 눈을 깜박거린다. 내 생각을 알아챈 모양이다. 살아온 날이 얼마나 되는가. 이 정도의 기다림은 살아온 햇수에 비하면 아무것도 아니다.

같은 대열에서 반시간을 묵묵히 섰다. 오랜 기다림 끝에는 따끈한 한 사발의 우동 한 그릇이면 족하다. 마침내 맨 앞줄에 이르렀다. 이제는 기다림이 끝나고 얼큰한 우동 한 사발을 먹을 수가 있다고 생각하며 마음이 느긋해진다.

카운터에 앉아 있는 남자가 테이블에 놓여 있는 컴퓨터를 응시하면서 예약번호가 어떻게 되느냐는 질문을 한다. 예약번호가 뭔지 모르겠고, 우동을 먹고 싶어서 줄을 섰다는 말에 예약이 되지 않는 사람은 지금 입장이 안 된다는 것이다.

황당한 일이다. 지금 배가 고파서 식당을 찾았고, 손님들과 함께 줄을 서서 기다리다 순서가 된 우리가 꼰대는 아니지. 예약번호의 순서는 뒤에 서 있는 사람이다. 지금 예약하면 한 시간을 더 기다려야 한다는 말과 함께 대열에서 쫓겨나는 신세가 되었다. 예약하고 기다려 달라는 정중한 말에 화를 낼 수도 없다. 허허 웃으며 지인과 함께 식당을 나왔다.

정보화시대에서 예약문화라고 들어보았지만, 실제로 당하기는 처음이다. 뭣 모르는 노인들이라는 따가운 시선을 받는 것에 대한 울분보다 창피하다는 생각이 먼저 들었다. 지인은 씨익 웃으며 우리가 갈 수 있는 곳은 허름한 짜장면집이 최고라며 위로한다.

컴퓨터를 이용한 정보화 사회는 생활에 편리함을 제공하는 새로운 문명이다. 가족관계와 일상의 문서들은 컴퓨터 내장 안에서 자판 하나면 쉽게 출력되고, 카드 한 장이면 현금 없이 물건을 사고 어디든 갈 수 있는 사회다.

　화폐의 단위에 따라, 울고 웃었던 과거의 시절은 휴지 조각처럼 버려야 한다. 이러한 문명의 그늘에서 도태되는 구성원들이 있다면 컴퓨터에 무지한 사람들이다. 동사무소에서는 노인들을 위한 정보교육을 제공하고 있지만, 팔십을 넘긴 나에게 꼭 그럴 필요가 있을까.

　편리하다는 현대문명 속에 소외되는 것은 노인들만이 아니다. 사실은 인간 전체의 문제라고 본다. 국내 굴지의 기업인 카카오에서 화재가 발생해 사용자들의 자료가 분실되고 영업이 마비되는 사태를 초래했다. 저장 매뉴얼을 복구하는 데 많은 시간이 소요된다고 하지만, 완전한 복구는 기대할 수가 없다는 것이다. 정부에서는 국가의 안전과 직결되는 문제라며 입법을 통한 대안을 마련한다고 하나 이미 사라져버린 귀중한 국가 자산들이 사라졌다는 점을 유의해야 한다.

　지금은 인간이 컴퓨터를 이용해서 편리한 문명의 이기를 이용하고 있지만 기계는 결국 노이이 우리를 넘어서 섬섬 인간을 지배할 것 같다. 인간은 필요한 자료들을 기계에 저장하면서 기계의 몸집을 계속 키워나갈 것이나 인간의 기억의 뇌는 점점 저장의 공간을 줄여 기계의 도움 없이는 생존하기 힘든 날이 가까이 올 것이다.

　과거에는 식구들과 아는 지인들의 전화번호를 기억했으나, 지금은 가장 가까운 아내의 전화번호도 단축키에 의존한 결과로 잊어버렸다.

삶의 중심은 개인의 의지와 노력에 기인한다. 국가도 마찬가지일 것이다. 강대국이라는 환상에 자국의 안전을 담보할 수 없듯이 컴퓨터나 어떤 기계에 의존하는 삶의 결과는 주체성을 잃어버린 노예의 처지로 전락할 것이 자명하다.

기계가 만드는 우동보다는 수제 짜장면이 더 인간적인 이유다. 마주 앉아 담소하며 나누는 이야기들이 더 풍성할 것이다.

구엄 앞바다의 조약돌

　병고와 싸운다는 것은 결코 쉬운 일이 아니다. 대장암 선고받고 투석하는 상황에서 만물의 영장이란 인간이 얼마나 나약하고 미미한 존재라는 것을 깨닫는다. 삶에 대한 의지는 사라지고 없다. 마치 검은 하늘을 뒤덮은 폭풍 전야 같기만 하다. 세찬 비바람에 흔들리는 창문, 통째로 삼킬 듯한 거센 바람. 콘크리트 집 속에서 혼돈의 굉음이 나를 사로잡는다. 그 순간 미래의 시계는 없고, 바다 한가운데 떠 있는 조각배처럼 한 줄기 삶의 끈을 잡으려 안간힘을 쓰게 될 것이다.

　잠시 후 창문을 열고 밖으로 나섰다. 오랜만에 보는 맑은 하늘이 오늘따라 높기만 하다. 천고마비의 계절이라고 불릴 만큼 완연한 가을 날씨다. 어디론가 산책이라도 할양 자동차에 시동을 걸었다.
　어디로 갈 것인가. 핸들을 잡고 잠시 생각하다 구엄 앞바다로 목표를 정했다. 젊었을 때는 자주 낚시를 가던 곳이라 인연이 깊은 곳이기도 하다.

　구엄 앞바다, 해안의 모습이 옛날 같지 않다. 길게 늘어진 방파제가 과거의 모습들을 지워버리고 있다. 조그만 해안 길에서 내려가면 소라며 홍삼들을 쉽게 채취할 수 있었던 곳이었다. 비취색 바다 위 파란 하늘, 천천히 아주 더디게 유영하는 양털 구름 조각들은 언제나 그 자리에 있었다. 허연 거품을 물고 부딪치는 파도를 따라 조그만 돌멩이들이 사르르 구른다. 사르르 사르르. 조약돌이다. 잘 빚은 송편과도 같다. 본래는 이 같은 형태가 아니었을 것이다. 오랜 세월 속에 물살과 비바람에 깎이고 또 구르면서 빚어낸 작품이다.

　원래는 버려지고 쓸모없었으며 구멍이 숭숭하고 일정한 규격도 없었을 것이다. 산에서 굴러온 것, 길에서 구르기도 하고, 사람과 짐승의 발밑에서 치이고 구르면서 모가 닳아지며 햇볕에 그을리기도 했을 것이다. 그러면서도 변화를 거듭해 왔다.

　돌멩이는 어쩌다 바다에 있는 것일까. 달걀이 암탉이 구르는 대로 가다 보면 병아리가 되고, 사람은 구르다 보면 살을 메난다는 옛말이 있다. 돌멩이도 구르고 다치고 채이고 시달리면서 조약돌이 되듯, 사람이 살아가는 인생도 조약돌과 뭐가 다를까.

　사람도 먼 길, 가까운 길, 넓은 길, 좁은 길, 비탈길, 구부러진 길, 울퉁불퉁한 길을 걸으며 살아가는 이치와 같다. 옛 성인들의 말이 그른 데가 없다. 인생의 여정에서 괴롭고 어렵기도 하며 고통스럽고 앙금 진 나날들을 수없이 만나 넘어지고 쓰러져, 작고 큰 상처들을 남기기도 한다. 실망과 좌절 속에서 헤매다가 희망을 찾고 용기를 얻기도 하지 않는가.

인간으로 태어나 훌륭한 부모 슬하에서 좋은 음식을 먹고, 멋진 의복에 명문 학교에 다니며, 건강한 체구에 멋있는 풍모로 권좌에 앉아 세상을 호가호위하며 살아가는 사람이 과연 몇이나 될까. 위세 부리는 사람이 남의 부러움을 받으며 살면 얼마나 좋으련만 그렇지 못한 것이 인생이다. 자신이 하고 싶은 대로 하며, 오만한 생각이 가득 차서 사람 취급 제대로 받지 못하는 이들이 비일비재하다.

인생은 조약돌 구르듯 살다가 가는 것, 내가 조약돌 인생을 살아온 것이 아닐까.

시원한 바닷바람이 옷깃을 스친다. 육중했던 나의 몸이 가벼워지는 것을 느꼈다. 나의 병고는 삶의 질곡에서 또 하나의 과정일 뿐이다. 모가 나지 않는 내 삶을 위한 아픔이다. 이 아픔은 삶의 여정을 함께 걸어왔던 영혼과 육신에 어떠한 변화를 주기 위한 고통일 뿐이다. 이 시간이 지나면, 나는 다른 삶의 시작점에서 희망을 바라볼 수 있지 않을까.

남아있는 시간, 얼마나 소중한가.

권력의 속살

　권력이란 속임수가 아닐까. 집권자들이 취향에 따라 민초들의 눈을 속이는 행위다. 동서고금을 통해 내가 본 바로는 그렇다.
　예로부터 동양 사람들은 북극성을 중심으로 천체가 도는 것을 북진설이라 했다. 그 중심에 별자리가 있는데 북두칠성이다. 북극성을 중심에 두지 않고 아무런 기준 없이 천체에서 이동하는 별들을 행성이라고 불렀다.
　주자(朱子)에 따르면 북진의 철학은 덕치라 했다. 북극성처럼 한 자리에 가만히 있어도 북극성을 돌게 하는 이치인 까닭이다.
　군주 시대에는 왕이 권좌에 앉아서 신하와 백성을 다스렸다. 신하와 백성은 왕권에 절대복종해야 한다. 왕은 만고의 절대적 힘이었다. 그러기에 우러러보고 따를 수밖에 없었다. 그것이 왕권의 힘이었다.

　동양에서 폭넓은 지식과 경륜으로 인간성을 겸비하여 여러 나라를 통치해 온 군주들이 얼마나 있을까. 백성과 국가의 미래는 안목에 두지 않고 개인의 영달을 위한 폭정을 일삼아 온 역사가 더 많을 것이다. 그렇게 군주 시대에 다스려 온 군주들은 북진설에 의한 철학 이론의 근거였다.

현대에도 공산주의나 독재체제를 유지하고 있는 나라들은 절대 권력을 계승하고 있다. 신같이 위대하게 추앙하는 군주국들은 언론의 자유, 주거 이동의 자유, 사유재산 불인정 등 국민의 기본권을 박탈당하며 살아가야 한다.

국민의 기본권을 박탈하지 않아도 군주를 신격화시키는 일은 허다하다.

아주 어린 시절, 항파두리가 있는 마을 사람들의 김통정 장군 이야기가 있다. 김통정 장군의 말이 달리면 하늘이 알아서 구름이 일고, 냇가 구릉 바위에 발바닥을 힘껏 밟으면 생수가 솟아났고, 무쇠 방석을 바다로 던지자 그것이 배가 되어 먼 바다로 떠났다는 말들이 나돌았다. 어린아이였던 나는 그것이 사실이라고 믿었었다. 김통정 장군은 신과 같은 예지와 능력을 겸비한 사람으로 알았다.

초등 시절에 직접 현장에서 소름이 돋았던 기억이 있다. 제주에서 4.3사건이 일어났던 때다. 어느 날, 저녁 어스름에 동민들을 집합시키는 방송과 함께 낯모르는 청년들이 돌아다녔다.

사람들은 무서움에 사로잡힌 채 지시에 따라 한 장소로 이동했다. 그곳에서 어떤 청년이 연단에 올라 공산당 정부가 수립되어야 한다는 연설을 나는 똑똑히 들었다. 김일성 장군이 손바닥을 한 번 치면 서 있는 사람 30명은 공중으로 날아가 버린다는 것이다.

사람들은 제압된 분위기여서인지 별 반응을 보이지 않았다. 그러자 군중 속에 있던 청년들이 일어서서 만세삼창을 하는 것이다. 권력의 문 앞에 신적인 표현이 군중들을 움직이는 데에 어떤 마력이 숨어 있는지 모르겠다.

지금에 와서 생각해 보면 우스운 일이었지만, 신격화하는 과정에서 사람들은 어떤 마력에 빠져드는 경향이 있는 것처럼 보였다. 군주들은 무지하고 어리석은 백성들을 속이는 전략을 사용했다. 현대에 와서 북진설이라고 하면 모두가 웃을 일이 아닌가!

제3부
봄이 오는 노래

소꿉장난 / 기다림 / 봄이 오는 노래
바람은 자연의 숨소리인가 / 성실의 의미 / 하늘 나는 새
참 인간 / 세월 / 숯덩이가 된 고구마
암창깨 할망 / 시험 / 인간 허세 / 먹이사슬

소꿉장난

산골 마을에 살던 어린 시절, 지금처럼 놀이시설이 없던 그때에는 동네 친구들과 몸으로 부딪치는 놀이를 즐겨 했다. 친구들은 식구이거나 옆집 아이들이 전부다. 워낙 산촌이라 사는 사람이 적었기에 또래 아이들은 그리 많지 않았다.

내가 여섯 살이 되던 해의 일이다. 이웃집 지장이란 여섯 살짜리 아이가 있었다. 이웃집에 삼 형제가 살고 있었는데, 모두가 나보다 나이가 한두 살이 더 많았다.

하루는 우리 집 마당에서 말타기 놀이를 했다. 가위바위보 해서 이긴 사람이 진 사람의 등에 올라타서 마당 한고비를 돌아야 한다. 내가 말이 되면 이웃집 형들이 내 등에 올라타서 이랴! 이랴! 소리치며 채찍질하듯 엉덩이를 무차별 두들겼다.

화가 잔뜩 난 나는 눈치 빠르게 가위바위보를 잘해서 그들의 등에 올라탈 수가 있었다. 그들이 말이 되면 엉덩이를 들썩거리며 등 위에 있는 나를 땅바닥에 내동댕이쳤다.

나보다 힘이 센 형들이라 몸집이 작고 가분한 나는 떨어질 수밖에 없다. 낄낄거리며 웃는 그들을 뒤로하고 아이들과 함께 집으로 돌아와 씩씩거리며 분을 참는다. 다시는 이웃집 형들하고 놀지 않겠다고 아이들과 다짐해보곤 하지만 한참 후에 그들이 찾아왔다.

이번에는 돼지 잡는 놀이를 하자고 한다. 이들하고는 함께 놀고 싶은 생각이 없었지만 어쩔 수 없이 또 어울리고 말았다. 가위바위보에서 내가 또 졌다. 돼지 노릇을 해야 한다. 그들은 나를 기둥에 매달고 죽어가는 시늉과 소리를 지르라고 하는데 진짜로 호흡이 가빠지고 숨이 멎을 것 같았다. 얼굴이 새하얗게 변하고 온몸이 바들바들 떨자 밑으로 내려줬다. 그리고는 자기들끼리 낄낄거리며 가버린다. 하마터면 죽을 뻔한 일이었다. 지금 생각하면 얼마나 위험한 놀이였던가.

그 후로는 그들과 놀지 않았다. 몇 살 어린 동생들을 데리고 골목 밖에 나가 또래 아이들과 놀았다. 그곳에는 올레 입구에 돌말이 있었다. 가위바위보 해서 돌 위에 타는 놀이인데 언제나 친구들에게 져서 놀에 탈 수가 없었다. 내가 데리고 간 동생들에게 형 체면이 말이 아니다.

다른 골목을 찾아갔다. 그곳에는 그릇 같이 패인 돌 혹이 있었다. 그 집 애들은 나보다 한 살 밑에다가 한 아이는 동갑내기다. 같이 노는데 별 어려움이 없어서 자신이 있다. 흙을 모아 홈 패인 돌그릇에 담고는 물을 섞어 밥을 짓는 놀이를 했다. 내가 데리고 간 두 살짜리 조카가 내가 지은 흙밥을 손으로 집어 먹게 했다. 한동안 놀이를 하다 보니 두 살짜리 조카 얼굴이 흙 범벅이 되었다. 저녁이 되어 조카를 업고 집으로 들어왔다가 형수님에게 흠씬 두들겨 맞았다.

나는 소꿉놀이를 하면 항상 당했다. 나름대로 내가 당하지 않을 놀이를 생각해냈다. 초여름에 들어서는 계절이라 울담 밭에 씨고구마 싹이 돋아나고 있었다. 높은 담을 넘어 새순을 낸 고구마를 뽑고 나왔다. 그리고는 넓은 팡돌 위에 고구마 껍질을 벗기고는 제사음식처럼 차림 상을 만들었다. 동생들과 제사에서 어른들이 하는 모양을 다 갖추고는 절한 다음 음식 나눔으로 질긴 고구마와 잎을 먹고 있었다. 갑자기 이웃집에 사는 정열이란 애가 나타났다. 그 애는 나보다 두 살이나 위였다. 우리가 하는 모습을 보고는 어머니에게 일러바친다고 집으로 내달았다.

큰일이다. 씨고구마를 뽑았다는 것을 어머니가 알면 나는 죽는다. 동생들을 놔두고 얼른 옆집 외양간에 들어가 덕석 속에 숨었다. 숨을 죽이고 있는데 나를 찾는 어머니 소리가 들려왔다. 노여움의 기세가 등등하다. 동생들에게 들었는지 어머니는 곧바로 외양간으로 들어와 나의 멱살을 잡았다. 이제는 죽었다고 포기하고 어머니가 끌고 가는 데로 몸을 맡겼다.

집으로 온 어머니는 밧줄을 찾아서 어린 나를 기둥에 꽁꽁 묶었다. 초가집 중간 기둥에 묶인 나는 검불이 팔랑이는 마당을 쳐다보고 있었다. 마당에는 내가 제사음식을 차려 먹어주려던 나의 중졸들이 안

쓰러운 눈으로 쳐다보고 있다. 아예 자리를 잡고 앉아 재밌는 놀이를 보듯이 힐끔힐끔 곁눈으로 쳐다보며 있었다.

　내가 소꿉장난의 주인공이 되어 아이들의 구경거리가 된 것이 얼마나 창피스러운지, 그 후로 팔순이 되도록 다시는 소꿉장난은 하지 않았다. 이미 너무 많은 세월의 강을 건너왔기 때문이다. 아무리 고단하고 괴로운 기억일지라도 지나간 일은 추억이 되어 가슴을 뒤척이게 한다.

기다림

가을날 코스모스는 누가 보고 싶어 긴 목을 내밀고 흔들릴까. 어떤 사연이 있을까. 가냘픈 여인네가 한복을 곱게 차려입고 길가 한구석에서 고개를 내밀어 오고 가는 차들을 유심히 바라보고 있는 모습을 연상시킨다. 순정의 여인. 코스모스는 기다림을 연상시키는 가녀린 여인의 모습 같다. 누군가를 기다린다는 것. 더욱이 사랑하는 사람을 기약 없이 기다린다는 것은 간장을 녹이는 아픔이다. 그러한 아픔 뒤에 만남은 얼마나 아름다울까.

만남이란 인연은 그리 쉬운 일이 아니다. 연인과 만남은 일생을 담보하는 아름다운 기약이며, 출세와 명예 재물과 만남에는 희망과 성취의 의미가 담겨있다.

이루어진다는 것. 그것이 쉬운 일인가. 나비가 촉매가 되어 수정이 이루어지지만, 열매를 맺고 완숙이 될 때까지의 과정은 오랜 시간이 필요하다.

기다림이란 어려운 만남의 과정이겠지만, 행복이라는 열매를 맺기 위한 희망의 결과로 이어지지 않으면 바람에 떨어지는 꽃잎과 다름이 없다. 마치 견우와 직녀의 만남이 오작교 눈물로 비가 내리듯이.

기다림의 결과에는 성취감과 목적 달성이 있다. 그것이 열매요 꽃이며 완성된 기쁨이다.

새봄을 만나는 개나리가 서릿발 시퍼런 한파가 몰아치는 긴 밤, 시골 묘역 동자 암석 밑에서 남몰래 피었다. 힘없고 볼품없어 누가 봐주지 않아도 개나리는 기약 없던 봄을 만나 노란 꽃을 피웠다.

보잘것없는 들꽃 한 송이, 어느 도시의 아파트 정원에서 피지 못하고 돌담 가시덤불 속에서 외롭게 피어도 벌과 나비가 찾아오기를 기다리는 것은 마찬가지다.

삶은 기다림이다. 그것이 세상사이고 인생사가 아닌가.

봄이 오는 노래

모진 한파 봄이 오길 기다리던
산과 들녘은 노래한다
눈보라 치고 살얼음 처마 끝에 고드름
춘래불이춘春來不以春
시샘하던 꽃샘추위도
긴 겨울 생명들은 끄떡없이 이겨냈노라

동철이는 눈보라 헤치며 얼음 싣고 떠났고
봄춘이는 푸른 치마 두르고 봄바람 싣고 온다
남풍 불 때 나목들은 새싹을 틔우며
꽃은 향기를 머금고 달려온다

마당 안 자목련은 병아리 붉은 고달 같은 꽃봉오리
시냇가 버들강아지는 연녹색으로 무장하여
산 위에서 내려오는 차디찬 시냇물에 몸을 비비고
깜짝 놀란 개구리 알들은 부화를 시작한다

양지바른 돌담 가에는 달래와 냉이가 움트며
개나리 유채꽃들은 갓 불어오는 해안 풍에 흔들흔들
벌 나비도 제철 맞은 듯 작은 눈을 이리저리 굴리며
큰 꽃 작은 꽃 가리지 않고 입술을 삐쭉거린다

봄의 노래는 누가 지휘하는 오케스트라인가
새싹이 움트는 자연과 함께 하는 생명의 소리
앙상한 가지를 깨우고 새 삶을 살게 하는 희망의 소리
송아지 망아지가 태어나는 창조의 소리가 산 들녘에 퍼진다

바람은 자연의 숨소리인가

바람은 자연의 숨소리인가. 보드라운 바람은 사랑스럽기도 하다. 봄바람에 살랑거리는 처녀의 모습처럼 매혹적이고 순결하다. 꽃나무들은 꽃망울을 피우고 나비와 벌들을 유혹하는 사랑의 계절을 만들어 간다. 숲속의 동물들은 암수가 만나 사랑을 나누고 종족을 번식시켜 나간다. 봄바람은 사랑이다.

여름에 부는 바람은 태양의 뜨거운 열기를 식혀주는 자연의 배려인가보다. 메마른 사막에서 허덕거리는 이들에게 시원한 숨결을 보내준다.

인간에게 베푼 사랑과 배려에 대한 결실이 배신으로 다가왔을 때는 자연의 숨소리마저 거칠어지는 듯 하지만 가을과 겨울의 바람은 사뭇 다르다. 추수가 끝난 늦가을에 불어오는 바람이 거세다. 태평양에서 불어오는 바람은 태풍이라고 예보를 해주지만, 가을에 부는 북서풍은 이름도 없다. 찬바람이 문풍지를 흔든다. 나뭇가지 사이를 윙

윙거리는 바람 소리는 들창문을 들었다 놨다 퉁탕거리고 정원의 나무들은 가녀린 잎을 흔들며 휘청거리고 있다. 방문을 열면 집채가 날아갈 것 같다.

며칠 있으면 추수해야 하는 콩밭이 걱정스럽지만, 꼼짝도 못 하고 거동할 수 없는 신세이고 보면 하늘에 맡기는 도리밖에 없다. 자연의 일이란 것이 인간의 힘으로 어쩔 수 없는 불가항력의 일이 아니겠는가.

사람들은 자연에 대한 신비스러움을 잊은 채, 세상을 뒤흔들고 있는 바람을 원망한다. 해욕지풍부지(海慾之風不止), 바다가 바람을 요구하지도 원하지도 않았다. 거센 바람에 온갖 힘을 다해 입을 벌려야 한다. 하얀 거품을 물고서 육지로 내달려야 한다. 바다는 고요히 제자리에 있고자 하나, 바람은 그것을 용납을 못 한다. 또한, 수욕지풍부지(樹慾之風不止), 나무가 바람을 부르지 않아도 바람이 불면 나무는 바람에게 힘을 다 내어줘야 한다는 말이다. 흔들리는 가지를 붙잡고자 애쓰던 밑동의 혼신의 노력에도 불구하고 꺾이어 날리는 잎사귀와 가지와 생이별의 아픔을 겪는다.

인간은 무지의 창조물인가. 바람이 부는 날이면 모든 동식물은 자신의 위치를 바로잡거나 은신처를 찾아 지나가기를 기다리는 지혜가 있는 반면, 인간은 오히려 바람에 저항하려는 교만함이 발동하는가 보다. 자연은 바람을 통하여 창조 질서를 바로 세우고자 하는 순리를 따르라고 할 것이다.

인간에게 희로애락이 있듯이 자연 또한 창조물들과의 유기적인 연결과 통합을 이루고자 하는 우주의 질서를 보여주는 것이 아닐까.

성실의 의미

나는 은둔하는 사람처럼 시골 촌 노인으로 살아가고 있다. 뉴스에 나오는 정치인들의 발언들을 곱씹어 토론하는 내용은 관심이 없다. 누가 옳고 그름을 논쟁하는 자리에 낄만한 주제도 없다.

다양한 세상이다. 밖에 남아 있는 나에게 시시비비를 가릴 이유가 없고 소리를 내보아야 들어줄 이가 아무도 없기 때문이다. 현대를 살아가는 이들이 판단할 문제이지 과거 구닥다리 생각을 주장할 요건이 되지 않다.

다만 아쉬운 것은 정파를 초월하여 공동체를 위한 건설적인 의견과 합리적인 주장을 위해 노력하는 모습이 없다는 것이다. 내가 아는 공동체는 나와 너 그리고 우리라는 집단이라고 살아왔다.

요즘은 방송에서도 '우리'라는 합의를 무시한 채 서로의 주장만을 합리화시키려는 논쟁의 장면을 볼 수밖에 없다. 언론사들은 이제 국민의 의식 수준이 논쟁의 모습을 관망하면서 합리적인 결정을 할 것이라는 가정을 두고 있지만, 그것은 상업성을 가장한 가장 비열한 모순이다.

글을 쓰고 있는 내가 보아도 정당을 대표해 나온 대변인들의 주장은 법정에서 변호사들이 주장하는 피의자와 가해자를 변호하는 처절한 승부의 세계로만 보인다. 각 정당에 대한 지지자들에 대한 정보의 전달이라는 측면은 최소한 이해할 수가 있지만, 공영방송이라는 기관에서 지지자들 외의 대중에서 필요한 처사는 아니라고 본다.

법정에서 다투는 문제는 단순히 피의자와 가해자와의 판결을 요구할 뿐, 상대방에 대한 배려나 온정이 없는 정글의 싸움이다. 이런 상황을 순진한 국민에게 보여줄 필요가 있는 것일까.

언론의 힘은 어떤 강력한 군사 무기보다 강력하다는 것은 역사가 증명하고 있다. 월남전에서 미국이 철수한 것은 강력한 군사력이 아니라 평화를 요구하는 세계시민들의 여론에 밀린 것이다.

공영방송은 공정 보도에 앞서 성실해야 한다고 본다. 성실(誠實)이라는 글자를 생각해보자. 성품 성자는 사람이 성품이 얼마나 좋은 것인지, 물선에 비하면 누구노 좋아하는 상품이라 말할 수 있다. 열매 신자가 간 머리는 집이며 간 머리 아래 어미 모며 자개 패를 쓰고 있다. 집에 어머니가 금 보석을 만들었다는 뜻이다. 얼마나 아름다운 문자인가. 어머니 품과 같은 포근함 속에는 진정한 사랑과 평화가 존재한다는 것이다.

우리 민족은 성실이라는 기본적인 정신을 가지고 살아온 민족이다. 타인에게 거짓이 없고 순수한 모습으로 아픔을 함께 나눈 민족정신은 향약의 정신에서도 나타난다. 서로 배려하고 어려울 때 힘을 함께 모았던 환난상률의 계약은 한민족의 모태이다. 마을 스스로 자정의 노력을 통해 이룩하고자 했던 목표 기저에는 성실이라는 정신이 자리하고 있었다.

요즘의 사회는 어머니를 잃은 고아처럼 길을 잃고 방황하고 있다. 원래 고아가 아닌데도 스스로 뛰쳐나와 고아가 된 것이 벼슬 인양 오일시장 한가운데에서 떠드는 시정잡배의 언변에 홀린 사람처럼 움직이는 이상한 모습이다. 정상적인 모습은 아니다.

성실함이란 들에 핀 풀처럼 자연이 주는 빗물과 햇빛이 주는 선물을 받아서 피어나는 일상과 같다. 들녘에 자라는 잡초들도 폭풍과 찬바람이 몰아쳐도 그 자리를 꾸준히 지켜낸다. 강한 바람을 따라 흙을 버리고 떠나지는 않는다. 모태인 토양에 뿌리를 더욱 깊게 내리는 노력으로 마침내 꽃을 피우고 열매를 맺지 아니한가.

만물의 영장이라고 자부하는 인간들은 들에 피는 꽃보다 못할 때가 있다. 특히 권력을 가진 자들은 회심하고 자정하는 노력을 기울여야 한다. 특히 공동체를 아우르는 언론기관들의 행태는 다가올 미래에 대한 재앙을 유념하여야 할 것이다. 그것은 혼자만이 받는 형벌이 아니라 전혀 관계없는 선량한 시민들도 심판의 불 속에 태워진다는 것을 알아야 한다.

세상의 행복은 성실이라는 울안에 있다.

하늘 나는 새

높은 가을 하늘을 유유히 나는 새가 평화롭게 보인다.

날갯짓 하나로 세상 모든 곳을 자유스럽게 오고 가는 모습이 부럽다. 그들에게는 국경이란 개념이 없을 것이다. 계절에 따라 불어오는 바람에 깃털을 맡겨 가야 할 길을 찾아 날아간다. 몸짓 하나로 바둥거리며 세월의 무거운 짐으로 땅을 기어왔던 나의 시간과 공간과는 다르다.

인간과 다른 운명의 세계가 있는가 보다. 그들 또한 하늘의 공간에서 사나운 매나 독수리와 같은 맹수와의 공존이 있을 수 있다. 새들의 삶과 죽음이라는 과정이 공포와 두려움으로 자리 잡을 수도 있다. 길가에 사체로 버려지는 새들, 어쩌다 정원 한가운데 죽어있는 직박구리를 보면서 처연한 생각이 든다. 하지만 하늘이라는 넓은 공간을 삶의 터전으로 삼는 새들의 모습은 동경의 대상이다. 그들에게도 고향이라는 굴레가 있을까.

삶의 자리를 찾아 드는 그곳은 가장 그리운 장소일 것이다. 어미 새가 품었던 둥지를 떠나 살다가 번식을 위해 찾아드는 그곳을 어떻게 알고 있었을까. 마치 자신의 고향을 찾아드는 모천회귀성의 연어처럼 새들도 그들의 고향을 알고 둥지를 떠난 것은 아닐 것이다. 안다는 것은 지식의 한 분야가 아닌가. 새들에게 교실이 있고 칠판과 분필이 있는 학교는 없을 것이다.

사람은 정한 나이가 되면 기본교육을 받기 위해 초등학교에 입학하는 순간 중 고등학교와 대학의 울타리에서 가두어진 교육의 틀 안에서 얻은 것은 수학능력 평가의 점수다. 수학능력이라는 것이 무엇인가. 대학교 과정을 이수할 수 있는 능력보다는 점수에 의해 교육기관이 결정하는 기준이다.

인간으로 태어난 삶에는 존엄성이라는 기본가치가 떠오른다. 그러나 존엄성에 앞서 지식이라는 편향된 저울에 의해 논의되고 돈과 권력 등으로 평가되는 암울한 현실이다. 오늘날의 현실은 자본주의 사회의 치열한 경쟁과 불평등으로 약자들의 비명이 여기저기서 터져 나오고 있을 뿐이다.

우리가 살아오면서 평가되는 성공이라는 평가의 기준은 자의적 규범일 뿐이다. 비록 날개는 없지만 작은 몸짓 하나만으로 세상을 날 수 있다는 분만실 유아들의 순수하고 천진스러운 눈동자를 본 사람들은 알 것이다.

그러나 그 눈동자의 의미를 깨닫는 사람은 소수다. 그들은 낳은 어머니의 마음은 산고의 고통을 잊고 자식들의 행복한 꿈의 세상을 설계하게 된다. 출생의 이유가 산고의 고통을 겪은 어머니의 지나친 바람이 되어 버렸다. 양육이라는 의미와 책임감이 세계의 어느 어머니보다 강한 자존심을 갖게 된다.

하지만 그것이 과연 의로운 행동인가 하는 의문이 든다. 존엄성의 개방이란 개념에서 책임이라는 소유의 사슬은 보이지 않은 부정일뿐이다.

사람은 하늘을 날 수 없는 존재다. 하늘을 날기 위해 날개를 달아 계곡을 넘나들기도 하고, 나이트 형제처럼 기구를 만들어 하늘을 횡단하면서 인간도 하늘을 날 수 있다는 지식의 착각에 빠졌다. 항공기라는 기구를 이용하여 하늘을 날 수 있는 세상이 되었다.

그렇다고 인간이 하늘을 나는 것은 아니다. 기계에 의존하여 높은 곳의 세계를 경험하고 있다. 새들처럼 자신의 의지대로 구름과 구름 사이를 유영하며 차갑고 불규칙한 기류를 느낄 수는 없지 않은가.

하늘을 나는 새들, 그냥 감상만으로도 행복하게 보인다. 힘겨운 세파가 그들에게도 존재하겠지만, 날아가는 그 모습이 나에게는 그리던 천상의 세계가 아닌가.

참 인간

　세상은 창조물에 의한 작품이다. 신은 이 지구상에 피조물들을 만드시고 아름답게 살아가기를 생각했을 것이다. 생존할 수 있는 조건들을 만들어 주셨고, 생과 사를 가름하는 기준까지 조각하셨다. 태양의 온기를 주시고 물과 공기 그리고 삶의 시간을 그들에게 아무런 대가 없이 무한한 선물로 주셨다.

　마치 아버지가 아들을 낳듯이 사랑으로 주신 세상이지만, 피조물들은 고마워하거나 감사함을 느끼지 못하는 것 같다. 하지만 만물을 창조한 이는 모든 생명이 각자의 삶을 살아가는 모습들을 눈여겨보고 있을 것이다. 그것이 인간이든 식물이든 동물이든 구분 없이 바라보고 있으리라.

　그분이 바라본다는 것은 참으로 경이로움이다. 미각 청각 시각이 다른 생명은 환경에 따라 크고 작음의 기준에 따라 형태가 다르고 살아가는 방법도 다르다. 물에서 살아가는 물고기의 형태, 뭍에서 사는 동물, 하늘을 나는 새들도 그 크기와 기능에 따라 다른 삶을 살아간다.

그 속에서 창조된 생명은 살기 위한 먹이 투쟁을 한다는 것이 문제이다. 창조된 것들은 각자의 공간 안에서 삶을 영위하는 것이 아니라, 모두의 공간에서 먹이 사슬이 만들어졌다는 것이다. 동물은 식물에서 에너지를 얻어야 하고, 식물은 공기와 토양을 통해 미세한 양분을 취득하는 것이다.

그런데 동물은 그렇지가 않다. 동물은 살기 위해서 같은 동물을 먹이로 삼아야 한다. 강한 동물들은 약한 초식동물들을 늘 위협하는 약육강식의 세계다. 동물은 지구상에서 강자이고, 식물들은 동물의 삶을 위한 먹이의 존재이기도 하다. 그러나 식물들의 투쟁도 그리 만만치 않다. 독성을 지니고 외부의 공격을 피하기 위한 각가지 본능의 모습을 보인다. 하지만 모든 사물은 종족 번식을 위해 서로가 먹이의 사슬에 얽매여 있다는 것이다.

과연 사람들은 어떤가. 만물의 영장이라고 자칭하면서 오늘날 역사의 중심에 서 있다. 원시적이고 가장 나약하여 다른 동물과 싸움에서 얻은 지식을 바탕으로 이제는 동물들을 사육하고 관리하는 자연을 다스리는 존새가 되었다고 자부한다. 그리고 인간과의 관계심을 맺는 하나의 조직인 세상에서는 서로 간의 투쟁을 하는 의식 없는 존재가 되었다.

창조주가 바라던 것은 창조된 모든 사물을 함께 다스리는 존재가 되기를 바랐을 터인데, 사람의 지성은 그것을 넘어 서로 간의 경쟁이라는 사슬에 얽매여 사는 것이다.

세상의 평화보다는 자신의 영광을 위해 타인을 억압하고 지배하는 일이 비일비재하다. 입시경쟁, 정치에서의 사악함, 경제에서의 생산과 판매 경쟁은 공정함보다는 싸움이라는 동물의 왕국과 다름없다.

영역을 다투는 사자들의 치열한 싸움을 보면서 짐승들이나 하는 행동이라고 치부한다. 과연 인간들이 하는 행동에서 사자들의 세계를 평가하는 기준이 맞는지 의심스럽다. 그보다 더하면 더할 인간들의 표리부동을 창조주는 어떻게 보고 있을까.

인간에게 주어진 삶이란 창조된 이의 뜻일 것이다. 지구상에 창조된 피조물 모두가 생존과 번성이라는 삶의 영역 안에서 창조된 이의 공정과 평등의 기준에서 아름답게 살아가게 하는 관리자의 역할이 아니겠는가.

세월

　세상에서 가장 모진 놈이 하나 있다. 세월이다.

　처음에는 내가 좋아 먼저 잡았던가, 정이 들고 나니 달싹 붙어 떨어지지 않는다. 살다 보니 이제는 정나미가 떨어져 보기도 싫다. 이제 내가 도망을 쳐도 꼼짝없이 그 안에 갇혀있다. 정을 준 내가 잘못이나 싫으면 갈 것이지 껌딱지와 같다.

　가만히 생각해 보니 내가 잡은 것도 아니더라. 힐끗 한 번 쳐다본 게 인연이던가. 세월아 오라고 했나 가라고 했냐, 오는 줄도 모르고 기는 줄도 몰랐다.

　날 데리고 가면서 말벗이라도 했느냐 길벗이라도 했느냐. 세월이 나와 같이 가면서 앞에도 안 가고, 뒤에도 안 가고. 나와 동행하는 줄만 알았다. 나를 백발의 파 뿌리 만들어 놓은 것도 세월 탓이다.

　내 얼굴에 주름 고랑 쳐 놓은 것도, 면상에 부적 낳은 것, 앉으면 뼈가 와드득 소리 나는 것, 오몽할 때 심줄이 당기는 것도, 잠자리에 들면 사족이 아리는 것도 세월 탓이다.

  세월아 네 이놈!, 내 인생을 망친 놈이다. 저 세상에서는 만나지 않으리라.

숯덩이가 된 고구마

추운 겨울날, 봉탱이가 족발이네 집에 놀러 갔다. 문을 열고 들어가 보니 족발이가 여동생 족손이 하고 돌화로에 불을 피우고 있었다. 봉탱이도 언 몸을 녹일 요량으로 화로 주위로 들어앉았다. 화로에 지핀 불은 오래되었는지 사그라들고 있다. 그래도 오랫동안 불을 피웠으니 재는 뜨겁게 달구어 있다.

족발이가 말을 꺼냈다.

"봉탱아, 화로 속에 고구마를 묻었네. 재미있는 옛날이야기를 해주면 구운 고구마를 줄게."

봉탱이는 구운 고구마를 먹고 싶은 생각에 고개를 끄떡거렸다. 워낙 입담이 구수한 친구라서 그런 것에는 거침이 없다.

"남숫골 숲속에 거북이 암 괴가 있는데, 거기에는 도깨비들이 살고 있었네.

어느 날, 나무꾼이 산에 나무하러 갔는데 갑자기 비가 와서 굴속으로 들어갔네.

굴속에는 도깨비들이 모여 웅성거리자 나무꾼은 조용히 그들이 하는 것을 지켜보았지.

도깨비들이 이상한 것을 꺼내 놓고 밥 나와라 뚝딱, 반찬 나와라 뚝딱하니 김이 모락모락 나는 밥과 맛있는 반찬이 나오는 것이 아니겠나. 신기하게 쳐다보니 욕심이 났지. 저 물건만 훔치고 가면 나무할 필요가 없고, 힘들게 일을 하지 않아도 된다는 생각을 했어.

한참 후에 도깨비들이 웅성거리며 밖으로 나갔어. 이때다 싶어 나무꾼은 이상한 물건이 있는 곳으로 다가갔네. 자세히 들여다보니 팔보야 광주 도깨비 기계였다. 도깨비들이 하는 것처럼 밥 나와라 뚝딱 말을 하니 모락모락 김이 나는 밥이 나왔네.

나무꾼은 얼른 그것을 안고 굴 밖으로 나오려는 순간 도깨비들에게 붙잡히게 되었다. 도깨비들은 나무꾼을 중앙에 아랫도리를 내렸네. 그리고는 팔모야광주로 거시기 한 발 늘어나라 뚝딱, 두 발 늘어나라 뚝딱하면서 팔십 발을 늘려 버렸다.

굴 밖으로 쫓겨난 나무꾼은 늘어난 거시기를 짊어지고 산에서 내려왔어. 나무 대신 거시기를 메고 내려오는 길에 어떤 마을에 이르렀다. 사람들이 모여서 북적거리고 있었다. 사람이 죽어서 장례식 준비를 하고 있었던 것이지.

나무꾼은 고픈 배를 채우려고 그 집으로 들어갔어. 사람들이 많으니 앉을 방석이 없으면 자신이 제공하겠다며 대신 밥만 한 끼니 먹여 주면 된다고 했어. 주인은 잘 됐다며 장례를 도울 사람에게 거시기를 깔고 앉게 했지.

 밥을 먹는 동안 끝자락에 앉아 있던 사람이 밑을 살펴보니 구멍이 뚫어져 있는 것이 아니겠나. 먹다 남은 국물을 그 구멍에 부었던 게지. 나무꾼은 갑자기 따끔하고 뜨거워 거시기를 버쩍 들었네. 그러자 끝에 앉아 있던 사람은 하늘로 날아가고 깔고 앉았던 사람들은 모두 넘어졌네. 야단법석이 난거지."

 족발이와 족손이는 배꼽을 잡고 웃었다. 그리고는 화로에서 고구마를 꺼냈다. 봉탱이의 말을 듣다 보니 고구마는 숯검정이 되어버렸다. 그래도 봉탱이의 만담은 추운 겨울을 이겨내는 따끈따끈한 군고구마일지도 모른다.

암창개 할망

무사! 암차개 할망이렌 ᄀᆞ람수가?

일제 강점시대 공출ᄒᆞ렌 다 몰았다. 곡식은 잡곡 무엇이던 생산품은 다 바쳤다. 놋그릇은 사발 재기 등이다. 사람은 명정 진용군으로, 여자는 비바리로 바쳤다. 암창개 할망 부친은 딸을 공출당할까 염려했다.

하루는 뱅듸 훈장 집에 찾아갔다.

"뱅듸 훈장 계십과?"

그러자 뱅듸 훈장은 툇마루로 나왔다.

"무사 옵디까?"

"뱅듸 훈장 아들도 진용 갔지마는 우리 딸 보내건 ᄃᆞ랑 살당, 아들 진용 살당 오민 우리 딸 ᄒᆞ사허영 사돈 맺어 보게 맛씸, 그냥 놔두면 비바리 공출로 ᄃᆞ라가 불케 보난 걱정되언 왔수다."

"고맙수다. 딸 보냅써."

암창개 할망은 비바리 몸으로 뱅뒷 훈장 집에서 살았다. 신랑 없이 처녀만 시집살이한다고 암창개 할망이란 별명이 붙여졌다. 암창개 할망은 시집에서 살다 보니 아들은 진용 가서 돌아오지 않았고, 몸은 사그러졌다.

동네에는 방에귀란 총각이 있었다. 홀어미 아들이어서인지 동네 말썽은 다 부렸다. 그래서 이름이 방에귀가 되었다. 남방아 찍는 방아귀가 깨어져서 쓸모가 없어버린 놈이란 뜻이다.

하루는 평생 홀로 지내는 동네 영락 집에 찾아갔다.
"신 삼개 영감 계십니까?"
그러자 영감이 들창문을 열고 방에귀가 온 것을 보았다.
"왜 왔느냐?"
"홀로 사는 영감님을 장가 보내드릴까 해서 찾아 왔수다."
"옛, 그놈, 누구 앞에 와서 장난소리 하느냐?" 야단을 쳤다.
"내 말을 들어보소, 방아귀 깍신 한 배만 만들어 주면 암창개 할망 앞에 장가들게 할 수 있어 마씀."
영감은 내심 은근하게 생각은 있었지만, 총각의 말을 믿을 수가 없었다.
"그런 못 된 소리 하지 마라, 깍신이야 삼아줄 수 있지. 내일 오면 깍신 줄 수 있네."
방에귀 총각은 빙긋이 웃었다.
"고맙습니다."
영감은 홀로 지낸 것이 오래되어 총각이 한 말이 가슴에 다가왔다.

진정인지 고정인지 따질 일이 아니다. 깍신을 짜기 위해 밤을 새웠다.

이튿날이 밝았다.

방아귀 총각은 어김없이 영감을 찾아왔다. 영감은 밤새 지은 깍신을 들고 창문을 열었다.

"어제 네가 할 말 따라 깍신을 주겠네. 방도를 말해 보거라"

"내일 아침 암창개 할망이 조반 준비하러 정지에 가거든 몰래 안방에 들어가 이불 덮고 누워 있으면 내가 장가갈 수 있도록 만들겠습니다."

"이놈, 내가 이 나이에 그런 엉뚱한 짓을 하라고. 그럴 수는 없다."

"영감, 늙어서 처녀 앞에 장가가는 일이 그렇게 쉬운 일이 아니죠. 하지만 용기를 냅셔."

총각이 하는 말에 그럴싸하여 영감은 그럴것이다고 답을 했다.

이튿날 아침, 영감은 일찍이 집을 나서 암창개 할망 집으로 가서 총각이 시킨 대로 안방에 들어갔다. 이불을 뒤집고 바깥소리에 귀를 기울였다.

암창개 할망은 아무것도 모르고 정지에서 아침을 준비하려고 불을 때고 있었다. 이때 방아쉬 총각이 부엌 앞에 서서 은근하게 말을 걸었다.

"할망, 여기 신 삼개 영감이 왔습디과?"

"왜 여기 올 말이냐?"

"이상하네, 그럼 안방 구들에 가 보십셔?"

이상한 생각이 들어 암창개 할망은 안방으로 들어갔다. 자신이 일어날 때 흐트러진 이불자락이 가지런하여 이불을 들치자 영감이 누워 있는 것이 아닌가. 암창개 할망은 영감을 들어내어 후려치기 시작했다. 웬 수작을 부리냐는 것이다. 영감은 떡 일어나 방문을 열고 밖으로 나왔다.

이때 밖에서 총각이 소리를 쳤다.

"암창개 할망ᄒ고 영감이 잠잤다. 아이고, 소문을 내야겠네."

암창개 할망은 그 소리에 방문을 열고 나와 방아귀 총각을 붙잡았다.

"늬 조용해라. 네가 원하는 것 다 해주겠으니, 소문을 내지 마라."

"방아귀 삼내떡(보리빵) 한 바구니 해주면 그것 먹고 소문내지 않겠다."

암창개 할망은 자신의 방에서 나온 영감의 모습을 총각에게 보인 것이 마음에 꺼렸다.

"삼매떡 한 바구니를 줄 터이니 조용해라."

안으로 들어가 떡 한 바구니를 가져다 총각에게 주었다.

방아기 총각은 보리빵을 들고 동네 집집마다 다니며 떡을 나누었다. 그리고는 신삼개 영감과 암창개 할망이 결혼하는 답례품이라고 떠들었다. 동네 사람들은 혼자 사는 할망과 영감이 연을 맺는 것으로 생각했다.

떡을 받아먹고는 할망 집으로 가서 잔치 떡을 잘 먹었다고 답례를 한다. 할망은 아니라고 발뺌을 하지만 동네 사람들은 믿지 않았다.

암창개 할망은 이러지도 저러지도 못하고 신삼개 영감과 함께 살 수밖에 없었다.

  처녀이면서 할망이라는 소리를 듣던 것보다는 영감의 이불자락이 더 포근했다. 늘그막에 아이들 낳고는 오순도순 가정을 꾸미며 살았다고 한다.

  일제 강점기에 있었던 시골에 일이다.

시험

　수능시험이 다가온 모양이다. 수험생들의 마음이 얼마나 불안하고 두려울까. 국가의 미래를 위해 유능한 인재를 양성한다는 취지에서는 당연한 일이겠지만, 그들에게는 지옥과도 같은 시간일 것이다. 시험이 삶의 전부가 아닌데도 수험생이나 부모에게는 모든 것을 바쳐야 한다.
　과거에도 시험은 오늘과 같았다. 아니 신분 상승을 위한 처절한 투쟁이기도 했다. 옛 선인들이 일화를 들어보면 마치 목숨 저당하는 그 자체였을 것이다.

　전라도 어느 마을에 시골 청년이 있었다. 아주 부지런하고 남다른 재주가 있어서 마을 사람들은 크게 될 청년이라고 칭송했다. 청년은 과거를 보고 출세하겠다는 꿈을 버리지 않았다. 과거 일이 다가오자 노비를 준비하고 한양으로 떠났다. 지금과 같이 비행기나 열차를 타고 올라갈 형편이 아니다. 한양 천릿길을 한 달 포를 헤매며 한양에

도착했다. 과거 본다는 말만 듣고 찾아온 한양이라 날짜나 과목도 모른 채 시험 장소에 들어갔다. 과거에 응시하고 결과는 낙방이다.

시골 청년은 다시 고향으로 발길을 돌렸다. 몇 달을 걸어 내려온 곳이 충청도 어느 마을이다. 해는 서산에 떨어지고 사방은 땅거미가 졌다. 갈 길은 수 백 리 인데 남은 노잣돈은 다 떨어졌다. 짚신도 헐렁해지고 차림새는 남루했다.

길가 언덕 아래에서 밤을 새우는 신세가 처량하다. 칼날 같은 바람이 엄습하고 천둥 번개까지 치며 빗살을 뿌려 댄다. 인가도 없는 첩첩산중 언덕배기에서 자신을 돌아보니 처참하다. 그래도 고향 집은 남부럽지 않아 먹을 것을 걱정하지 않았었다. 먼 길을 걷다 보니 온 몸이 지쳐있고, 며칠 굶주린 터라 정신이 몽롱하다.

산짐승들이 우는 소리에 머릿살이 오싹하다. 밤은 어찌나 지루한지 오만가지 생각이 잠을 멀리한다. 이것이 죽음의 문턱인가. 생의 끈이 끊기는 순간인가. 어차피 인생은 떠나게 되어 있는 나그네와 같다. 언제라도 떠나면 그만인 초로인생이다. 하지만 이 충청도 산골에서 아는 이 없이 죽어 썩는 것인가. 내가 썩어 벌레 밥이 되는구나. 노중복사(路中伏死) 운명인 내가 억울하고 불쌍하다. 산짐승처럼 울다 보니 비가 개고 날이 밝았다.

괜한 걸음이었다. 자신의 능력만을 믿고 전혀 준비가 안 된 모습으로 한양길을 걸은 것이다. 청년은 과거 길을 뒤로하고 고향길로 무거운 발길을 옮겼다.

시험은 준비된 자들의 축제다. 자신의 가야 할 길에 대한 확실한 목표와 세밀한 계획에 의한 삶의 진로에 만족하는 자세가 좋지 않을까.

인간허세 人間虛勢

무릇 인간은 본성(本性)과 본능(本能)을 어릴 적부터 잘 길러내야 한다. 원래 인간의 본성과 본능은 선하고 어질다. 어린아이들의 순수함 그 자체가 어질고 착한 마음인 것을 보면 알 수 있다. 하지만 성장하면서 환경의 지배를 받게 되는데, 선과 악의 환경에 따라 그 심성이 달라지는 것이다.

그러므로 환경의 지배를 덜 받게 되는 유아기에 부모의 교육은 아이의 삶에 있어서 기본이 되고 어른이 되어서도 쉽게 바뀌지 않는다. 세 살 버릇이 여든까지 간다는 속담은 쉬이 넘길 말이 아니다.

유아기에 있어서 가장 중요한 교육 덕목은 효孝다. 세상에 태어난 원천이 부모의 사랑과 아픔이다. 낳아준 것에 대한 고마움과 먹여주고 입혀주고 건강하게 보살펴 준 정을 잊지 않는 마음을 길러줘야 한다. 인간이 살아가면서 윤리도덕을 알고 세상사의 차례를 익히면, 민주사회의 일원으로서 충실하게 된다.

사람은 기본 양심이 중요하다. 양심은 효에서 발원하는데, 인간관계와 모든 사물 관계에서 당면한 사안을 처리할 때 이치에 맞는 행동을 하게 된다. 자신의 능력과 분수에 맞게 행동할 때 떳떳하고 자신감이 서게 되는 것이다. 그렇게 하는 것이 양심이고 덕이며 가치이다. 양심이 무너지면 죄의식 수치심 염치와 체면은 온데간데없다.

모습은 사람이나 속과 행동은 짐승과 다름없다. 이런 사람을 두고 인간허세라고 부른다. 도덕심이 상실되고 예의가 없고 분별력이 사라져 인간 본성을 잃고 마는 것이다. 이는 사회악으로 나타난다. 부정과 부패로 썩는 냄새가 진동하고, 살인 절도 등으로 공동체의 질서는 무너지고 마는 것이다.

효를 바탕으로 한 양심이 바로 서지 않는 사회는 밝은 미래를 기약할 수가 없다. 사회 구성원들의 행복한 삶을 구현하기보다는 불안과 공포가 판을 치게 된다. 도덕심과 양심이 밑바탕에 깔고 있어야 평화와 행복, 삶의 즐거움이 찾아온다.

가정교육은 모든 교육의 시작이며 원천이다. 가정에서의 양심과 도덕을 심어주는 것은 가정과 사회 국가에 대한 인력 양성이라 할 수 있다. 마치 농장에서 씨앗을 뿌리고 잘 관리하여 최고의 상품으로 시장에 출시하는 것과 같다.

먹이 사슬

　정원에 감나무가 빨갛게 익어간다. 조금만 기다렸다가 수확의 기쁨을 누리고 싶었는데 까치들이 날아와서 익어가는 열매만을 쪼아 먹고 있다. 한 식구들인 것 같은 까치들이라 먹으면 얼마나 먹을까 하는 생각으로 그냥 두었다.
　일주일이면 감을 따서 손주들에게 보내고 싶은 마음에 조바심이 들기 시작했다. 어쩌면 저 까치와 틈새들이 모두 열매를 앗아가 버리는 것이 아닐까. 내가 가진 것을 남에게 빼앗기고 있다는 생각에 시간을 내어 감을 땄다.
　우듬지에 걸려 있는 감들은 내가 딸 수도 없겠지만 찾아오는 새들이 허탕을 치게 해서는 안 된다는 배려에서 남겨두었다. 몇 광주리에 담은 감들을 수건으로 깨끗이 닦으면서 손주들의 얼굴을 그려보았다. 할아버지가 가꾼 감이라 맛있다는 소리가 귓전을 때린다. 그럼 그렇지, 할아버지 선물에 대한 고마움의 표시는 해야지.

창밖에서 새들이 지저귀는 소리가 요란하다. 우듬지에 남겨두었던 열매에 몇 마리의 까치들이 서로 먹으려고 날갯짓을 하고 있었다. 어리석은 놈들이다. 남의 것을 가지고 서로가 자신의 것이라고 다투는 모습이 가관이다. 그러니 하찮은 동물들이라고 생각하는 순간 뒤통수를 때리는 마음의 소리를 들었다. 저들은 생명을 유지하기 위한 처절한 삶의 투쟁이라는 것이다.

무릇 새들이라 해도 그들이 이 순간 숨 쉬는 생명의 혼이 존재하고 있다. 삶의 시작은 생명에서 비롯된다. 인간이나 모든 동식물도 마찬가지다. 방 안에 앉아서 감을 고르고 있는 나와 마찬가지로 남은 열매를 가지고 다투는 까치들도 같은 생명 안에 있다는 것을 깨닫는다.

창조주는 두 개의 생명을 탄생시켰다고 생각한다. 하나는 동적생명이고, 또 하나는 정적생명이다. 동적생명은 바다와 육지에 존재하는 움직이는 동물들이다. 정적인 생명은 식물들로써 물과 나무버섯 등 다양한 존재들이다.

식물은 비와 바람과 이슬을 먹으며 한 장소에서 한 생을 마친다. 그와 반해서 동적 생명인 동물들은 끊임없이 먹이를 찾기 위해 이곳저곳 장소를 찾아다니면서 살아간다.

이들은 각자의 특성에 의존한다는 것을 간과해서는 안 된다. 동물들은 식물들로부터 생명을 유지하고, 식물은 동물들의 사체를 양분으로 살아가고 있다는 것이다. 예를 들어 양과 염소들이 들판에 있는 풀을 뜯어 먹고, 굶주린 암사자들은 들판에 있는 양과 염소들을 포획

하여 뜯어 먹지만, 결국 그들의 죽은 후에 사체는 들판에 있는 풀의 양식이 된다는 것이다. 결국, 시간과 공간의 차이만 있을 뿐 승자와 패자가 없는 삶의 순환고리이다. 상호 공존하는 자연의 순리다.

인간이라 별 차이가 있는가. 동적 생명이라 불리는 동물의 한 종족이나 만물의 영장이라고 자부하는 인간. 그런데 인간은 상호 공존하는 자연의 순리를 깨닫지 못하고 있다. 생명의 고리에서 자연이 주는 법칙에 관심이 없다. 아니 관심이 없다기보다 모른다.

쓰레기 오염, 방사능 오염, 전자파 등 자연의 생명을 살리는 행동보다 자신의 이익을 위해 무분별한 행동을 일삼고 있다. 문명은 자연보다 우월한 것은 아니다. 문명이라는 말은 자연 세계에 어울리는 말이 아니며, 쓰여서도 안 될 언어이다. 현대문명이라는 미명 아래 쓰러져가는 식물과 동물들이 얼마나 많은가. 과거의 종이 사라지면 새로운 종이 나타나 새로운 세상이 된다는 억지는 자살행위다. 삶 속에서 과연 새로움이 있는가. 삶은 현재이고 새로움은 다가오지 않는 미래일 뿐이다.

문명이라는 구도에서 미래는 없다. 왜냐하면, 현대인들이 주장하는 문명은 이기적이고 편리함만을 추구하는 인간의 논리일 뿐이지 생명의 고리라는 영역에 넣어서는 안 될 언어이다.

오늘날 지구의 생태계가 파괴되면서 나타나는 태풍, 가뭄, 홍수, 지진 등 무분별한 인간들의 행동은 무서운 재앙으로 도래할 것이다.

앞날을 걱정하는 과학자들과 환경단체들이 예언하는 메시지를 귀담아들어야 한다.

모든 피조물이 공존개념으로 생존 번영해야 하는데 파괴와 오염으로 지구와 자연이 망가지고 생명체들이 종말을 예고하고 있다. 그 속에 인간도 포함되고 있다는 중요한 사실을 간과해서는 안 된다.

탐욕에 눈이 먼 인간들에게 이성을 찾으라고 권고하고 싶다. 자연이 주는 소중함을 깨닫는 날 이미 그 시간은 늦은 시간이 될 것이다. 제발 철 좀 들어라. 인간들아!

제4부

백년꽃 피는 연자못

제주 아낙네 / 백년꽃 피는 연자못
움직임에는 소리가 있다 / 개팔자 / 토끼 이야기
매미와 지렁이 / 질경이 / 가을 여행
난계 민속관을 돌아보며 / 추억의 태국 여행

제주 아낙네

뜨겁게 타는 햇살 등에 지고
검질 방석 토드며 여름날 보내던 아낙네

거센 파도 물살 넘어
저승길 걸으며 숨 방귀 들던 아낙네

찬바람 눈보라 몰아치는데
우는 아기 남겨두고 들녘 일터로 나가던 아낙네

날 모난 돌덩이 굴리며
작지 왓 진종일 일구던 아낙네

집에 들면 정지 살레 더듬엉
식솔덜 먹거리 장만하던 아낙네

써넝한 물가 돌팡에 앉아
채소 씻으며 서답 빨래하던 아낙네

세월이 흘러가도 아낙네
그 시절 그립고 그립다

백년꽃 피는 연자못

여름 초입이다. 온몸에 젖어드는 방안의 습기로 몸이 개운치 않다. 이런 날은 외출하는 것이 상책이란 생각에 집을 나섰다. 평생을 살아온 마을이지만, 나설 때마다 새로운 느낌을 주는 것은 내가 살아있다는 존재감일 것이다.

도로변 담벼락에 피어있는 꽃들, 이웃 사람들의 밭에서 쑥쑥 커가는 농작물들이 소담스럽다.

마을 길을 휘이 돌아 연자못 앞에 걸음을 멈추었다. 백련꽃이 화려하게 피어있다. 연자못은 산에서 내려오다 자리를 잡은 빗물이 모인 곳이다. 또한, 마을 사람들의 삶을 위한 구명의 자리이기도 하다. 마을과 함께 존재하고 있는 못에 어느 해부터 연꽃이 자랐다.

누가 심었는지는 모르지만 아주 옛날부터 연꽃은 이 시기에 긴 꽃대를 내밀고 새 하얀색으로 꽃을 피웠다가 어느 해에 붉은 피로 처절하게 물들었다. 사람들은 제주의 4.3 아픔을 기억하며 이 못을 사랑했다. 연못 주위를 담으로 쌓고 주변을 정비하여 연꽃들이 자랄 수 있는 환경을 만들어 왔다.

백련꽃은 군자화가 아닌가 싶다. 더러운 펄 속에서 자라났지만, 순수한 모습으로 아름답다. 새하얀 꽃잎에서 풍겨 나오는 향기는 벌들을 유혹한다. 더러움 속에 있지만, 그 속에 물들지 않고 아름답고 맑은 본성으로 수면 위에 의연한 자태가 고고하게 느껴진다. 그래서 선인들은 백련꽃을 보고 처 염상정백화(處染常情白化)라고 불렀다. 불교에서는 덕이요, 불의 상징이라 연등으로 불전에 바치기도 한다.

마을에서 내가 가장 좋아하는 곳이 이곳이다. 초여름에 시골 봉천수 연못 펄 속에서 넓은 연잎이 물 위에 뜨기 시작하면 남몰래 가슴이 뜨거워진다. 못 전체를 두르는 연잎 위에 비가 도르르 떨어지는 빗방울 소리를 듣는다. 옥구슬이 구르는 소리처럼 동동거리는 못의 파동은 나의 심장의 고동과 같다. 아침이면 연봉이 물속에서 송곳처럼 솟아오른다. 그 연봉대에서 봉오리를 맺고 하루가 지나면 포개지기 시작하여 하얀 꽃으로 피어난다. 사람들에게 백련의 모습만을 며칠간 보이고는 꽃잎을 감추고 씨알이 달린다. 새로운 삶을 위한 과정이다.

연꽃의 종류는 많지만, 백련은 귀하게 쓰인다. 잎은 차로 마시고, 꽃은 고급 차로 마시며 열매와 뿌리는 약재로, 식용으로 쓰이기도 한다.

얼음같이 맑고 깨끗함을 표현하는 설연화(雪蓮花), 모진 겨울과 더러운 환경을 이겨내고, 우아한 모습의 꽃을 피우는 자태는 마치 신선화요, 군자화라 해도 부족함이 없을 것이다.

연자못, 그곳은 단순한 연못이 아니다. 마을을 상징하고 사람들에게 고고함을 일깨우는 여신이라고 표현하고 싶다. 연자못은 매년 마을을 위해 연등의 불을 밝히고 자비와 사랑을 위해 기도하고 있다.

연못가에 앉아 무심한 마음을 보낸다. 평생을 이 마을에서 희로애락을 겪으면서도 백련의 마음을 알지 못했던 팔십 년의 세월, 용서를 구하고 싶다. 늙은이의 구차한 변명일지 모르지만, 마음 한구석에 자리 잡고 있었던 응어리가 풀리는 시간이다.

자리를 털고 일어섰다. 연못가에 오랫동안 앉아 있는 모습을 타인들이 보면 그리 좋은 모습이 아닐 터. 세월의 흐름에 따라 나의 존재감은 눈치를 봐야 하는 신세지만, 백련이 있는 연자못은 아직도 사람들의 사랑을 받고 있다는 것에 위안을 받는다.

내 마음이 평생을 머문 연자못. 이곳은 너무도 아름다운 곳이었다. 만시지탄(晩時之歎)*이다.

* 만시지탄 : 어떤 일에 알맞을 때가 지났음을 안타까워하는 탄식.

사진출처 : 도르메 신의식(사진작가. 시인)

사진출처 : 도르메 신의식(사진작가. 시인)

움직임에는 소리가 있다

　움직임에는 소리가 있다. 소리 없이 변화되는 것은 없는 것 같다. 나이 듦에 따라 온몸에서 삐걱거리는 소리를 들으면서 삶의 긴 여정을 생각하게 된다. 고뿔에 걸려 한동안 방구석에서 기침하는 소리를 스스로 들어보면 기력이 쇠약함을 느낀다. 그전에는 잠깐 지나가던 기침 소리가 요즘은 가슴으로 파고들고 고통을 느끼게 한다. 그럴 때마다 건강에 신경을 써야 한다는 마음의 울림을 듣는다.

　살아오면서 소리에 대해 깊은 관심이 없었다. 그것은 나의 의지에 관한 문제이지 스스로 해결할 수 있었다고 생각했다. 단순한 개념에서 흘려버린 소리가 삶에 대해 엄중하게 보내는 어떤 신호였다는 것을 알게 한다.

　가로등 없는 어두컴컴한 골목을 혼자 걸을 때 뒤에서 들리는 발걸음 소리에 불안감을 느끼던 것과 같다. 누군가. 나에 대한 위협되는 사람일까 아니면 그냥 지나치는 사람일까. 그런 불안감에서 뒤를 돌아보던 시절이 있었다. 감각기능이 활발했던 젊은 시절이었다.
 팔십을 살아오면서 간과했던 소리는 계절이 나에게 주는 소리다. 하늘에 종달새가 지저귀고, 깊은 숲속에서 뻐꾸기의 애잔한 여운이 남는 소리, 들녘에서 암컷을 찾는 우렁찬 수꿩 소리, 마을 목장에서 송아지가 암소를 찾은 애절한 소리가 들리던 봄의 소리를 듣고도 그 의미를 알지 못했다. 봄의 기운이 다가왔으니 생의 아름다운 일을 위해 시작해야 한다는 것을 모르고 겨울의 찬 기억만을 마음에 두고 있었다.

 마을 어귀 팽나무에서 매미 소리가 울리던 시간이 여름이었다. 한낮 태양의 열기처럼 웃옷을 벗어 던지고 삶의 기쁨을 위해 열심히 일해야 함에도 나는 아직도 봄의 포근함 속에 잠겨 있었다. 여름이 주는 태양은 나뭇잎이 푸르고 열매가 몸집을 키우는 성숙의 의미를 알지 못했다. 삼복더위가 싫었고, 나무 그늘이나 해수욕장으로 본능적으로 달려갔다. 어린아이들처럼….
 햇살이 기울고 찬바람이 부는 저녁, 들녘에서 각가지 풀벌레들이 울어대는 소리가 애절하게 늘려온다. 가을에 살아가는 곤충들의 소리일 뿐인데 크지도 않은 채 나지막하게 울리는 소리가 왠지 서글프다. 원래 가을은 사람에게 주는 의미가 남다르다. 겨울을 맞이해야 하는 준비의 시간인데도 외로움의 공간에 머물러 있었다.
 싸락눈이 마당을 쓸고 지나가는 깊은 밤이면 올빼미가 소리를 지른다. 꾸르륵 꾸르륵, 배가 고파서 우는 소리일까. 긴긴 겨울밤 잠 못

이루는 이의 뱃가죽에 물결이 인다. 저녁 먹던 군고구마를 남겨두지 못한 것을 후회하게 한다.

 봄 하늘에 종달새, 팽나무의 매미 소리, 들녘에서 울던 풀벌레 소리, 긴긴 겨울밤 울어대는 올빼미의 소리를 앞으로 얼마나 들을 수 있을까.

 소리 없는 움직임이 없듯이 살아온 여정에서 발걸음의 소리와 자국들은 지나온 곳에 영원히 남겨 있을 것이다. 소리에 둔감했던 삶의 여정에서 계절의 소리를 기억할 수 있는 오늘의 여유가 너무나 소중한 시간이다.

개팔자

개는 사람과 가장 친근한 동물이다. 주인을 잘 따르고 복종심이 강해 사람에게 사랑을 받는다. 개는 필요와 용도에 따라 쓰임새가 다르다. 산양견, 투견, 군용견, 경찰견, 애용견, 집지키기견 등 역할과 전문 용도가 다양한 것이다.

산양견은 노루, 꿩, 오소리, 산토끼, 산양을 주로 잡는다. 노루와 산양은 잘 뛰고 숲속에 숨는 방어 능력이 탁월해서 찾아내기가 쉽지 않다. 포수가 쏜 꿩을 찾아서 잽싸게 주인에게 가져와야 한다.

투견은 싸움을 잘해야 한다. 그래서 주인은 잘 먹이고 악을 길러준다. 싸움에 대한 기술도 가르쳐야 하기에 훈련이 힘들다. 경찰견이나 군용견도 상당한 전문성과 특수성 훈련을 받는다. 그래서 개들의 용도와 전문성은 종류별로 특성과 소질이 있다.

개들의 이름도 다양하다. 지역마다 다르고 주인들이 지은 애명 견들도 많다. 새파트, 포인트, 진돗개, 발발이 개의 이름을 다 열거할 수 없이 종류와 이름이 많다.

그런데 개는 주인을 잘 만나야 한다. 산양견 영국 신사 호걸이는 말을 타고 산양 따라가는 주인 같이 호걸스럽다. 집지키기 견은 올레 골목길 입구 나무에 묶어놓는다. 주인이 들어올 때 나갈 때 꼬리를 흔들며 인사해도 본체도 않는다. 묶은 줄이 풀려서 이웃집 복실이 집에 가서 잠깐 놀고 있으면 개장국 집으로 끌려간다. 점박이 복돌이는 고급 휠체어 타고 색동 바지 조끼 입히고 아리따운 아가씨가 끌어준다.

사람이 말 잘 못 하면 개소리한다고 한다. 개를 천하게 비유하는 말투가 일어난다. 어린애들이 말다툼할 때도 "개새끼 개새끼 하지 마! 개새끼야!"라는 말을 쓴다.

교토사주구팽(狡兔死走狗烹) 토끼 사냥이 끝나면 잡아먹는다는 옛말이 있다. 진정 동물을 사랑하는 애견가가 있는가 하면 개를 이용하고 나서 살상대상으로 하는 사람, 개를 욕질 매질 학대하는 사람, 어떤 주인을 만나든지 개의 운명이 가늠되는 개 팔자다.

토끼 이야기

나는 어릴 적 토끼를 키운 적이 있다. 성장이 빠르고 새끼를 낳아도 다산이다. 물을 싫어하는 특성이 있지만 좁은 공간에서 키우기 쉬워 시장에 내다 팔아도 수익성이 괜찮았다. 겁이 많고 힘이 없지만, 키우는 주인에게 덤비는 일은 없어서 편안한 동물이다.

그래서일까. 토끼에 대한 구전이 많이 전해져온다. 달나라 계수나무와 방아 찧는 이야기가 어른들의 구수한 입담으로 겨울밤의 간식처럼 재미나게 들리던 달나라 토끼 이야기들. "산토끼 토끼야 어디를 가느냐 깡충깡충 뛰면서 어디를 가느냐?"고 노래 부르곤 했다.

과연 토끼는 어디를 갔을까. 거북이와의 경주에서 진 토끼는 자존심이 너무 상했다. 세상에 살아남을 가치가 없다고 자책하면서….

하루는 숲속에서 동물들이 모여 회의를 했다. 사자 왕이 나타나서 우리를 잡아먹으려고 하니 어쩌면 좋겠는가 하는 것이다. 나약한 숲속의 동물들은 죽을힘을 다해 달아나다가 먹잇감이 된다. 그럴 바에는 우리 동물들이 순서를 정해 사자의 밥이 되는 것이 낫겠다고 노루가 제안했다.

동물들은 그것도 괜찮은 제안이라며 누가 그 사실을 사자에게 알릴 것인가 논의했다. 그러자 고슴도치가 그런 일은 내가 할 수 있겠다고 나섰다. 단 사자의 밥이 될 동물을 정해주기를 제안했다. 그 말에 토끼가 가장 먼저 나서서 사자 밥이 되겠다고 자원을 한다. 토끼는 자신이 세상에서 가장 나약한 존재라서 동물사회에서 먼저 희생하는 것도 보람된 일이라고 생각했다. 동물회의는 그렇게 끝났다.

사자 밥이 되기로 한 토끼는 길을 나섰다. 사자가 사는 메마른 곳을 지나다 깊은 웅덩이를 발견했다. 장마철이라 맹꽁이와 개구리들이 우글거리고 있었다. 개골개골, 맹꽁맹꽁. 토끼는 자유롭게 놀고 있는 그들이 부러웠다. 순간 이런 웅덩이에 빠져 죽는 것이 나을까, 아니면 사자의 밥이 되는 것이 나을 것인가 하고 심란한 마음으로 웅덩이 가까이 다가갔다. 들여다보니 웅덩이 속은 너무도 조용했다. 개구리 맹꽁이들이 토끼를 두려워해서 물속 깊이 숨어버리는 것이 아닌가.

토끼는 생각했다. 이 세상에 나를 무서워하는 놈들도 있구나. 그리고는 물속을 쳐다보았다. 선명하게 비친 자신의 얼굴은 자신감이 넘쳐 늠름하고 당당했다. 토끼는 스스로 생각했다. 자신은 절대 사자의 밥으로 바칠 존재가 아닌 것을 느꼈다. 당당하게 사자의 앞에 나서야 하겠다는 다짐을 한다.

걸음을 재촉하여 사자 앞에 갔다. 사자는 잔뜩 노기 띤 얼굴로 토끼에게 말했다.

"오늘 고슴도치가 와서 말했다. 토끼가 내 밥으로 찾아온다고 기다렸는데, 한 마리로는 내 배를 채울 수가 없다. 그리고 왜 이리 늦게 왔느냐?"

토끼는 벌벌 떨면서 사정을 말했다.

"오는 길에 우물가에 어느 낯선 사자가 나타나서 어디 가느냐고 묻기에 숲속의 왕 사자에게 간다고 말했더니, 무슨 말이냐. 숲속의 왕은 나다."

그래도 저는 그 사자의 말에 대답하였습니다.

"아닙니다. 내가 생각하는 왕은 당신이 아닙니다. 저를 놓아주십시오."

"그러면 네가 생각하는 왕을 나에게 데려와라. 내가 혼쭐을 내릴 것이다."

사자는 토끼의 말에 분통을 터뜨렸다.

"어떤 놈이냐? 내가 숲속의 왕인데 감히 왕이라고 하는 자가? 내가 가서 숨통을 끊으리라."

토끼는 사자를 데리고 돌아오던 길에 만났던 웅덩이로 갔다. 토끼는 웅덩이 깊은 곳을 가리켰다. 화가 난 잔뜩 난 사자는 달려가서 웅덩이를 내려다보았다. 그곳에는 자신과 같이 화가 잔뜩 난 사자 한 마리가 자신을 노려보고 있는 것이 아닌가. 화가 치민 사자는 "네 이 놈!" 하며 웅덩이로 치달았다. 아차! 하는 순간 풍덩 하더니 물속 깊이 빠져들었다. 허우적거리는 사자의 모습을 보며 토끼는 산으로 내달렸다.

　토끼의 눈은 벌겋게 달아올랐다. 거북이에게 진 것 때문에 자신이 약한 모습을 보인 것이 부끄럽기도 했다. 그러나 개구리와 맹꽁이는 물론, 숲속의 왕이라고 자처했던 사자를 자신이 혼자 힘으로 처리했다는 엄청난 자존감에 당당했다. 숲속을 호령하던 사자가 죽었으니 이제 숲속의 왕은 자신이라는 생각이 자신감이 넘쳐흘렀다.

　토끼가 숲속의 왕이 됐는지는 모른다. 하지만 모든 동물에게는 자신만이 가지고 있는 장점이 있다는 것을 알게 한다.

매미와 지렁이

몹시 덥다. 가만히 앉아 있어도 후줄근 땀이 등을 타고 내려와 얼굴을 적신다. 마당 안 후박나무 그늘도 하지의 햇볕은 피할 수가 없다. 쉼 없이 부채를 흔들어보지만 소용없는 일이다. 늙은 육신이 자연의 위력에 저항할 기력이 남아 있지 않다는 것을 인정하고 맡기기로 했다.

젊은 날의 시계는 그렇지 않았는데, 이제는 포기한다는 것이 쉽다. 이게 삶의 종점으로 가는 시간일까. 팔십이면 그런대로 잘 살아왔으니 받아들이는 긍정이 맞는 것이기도 하다.

'그렇구나' 하는 순간, 귀가 찢어지는 듯한 요란한 소리가 들린다. 매미다. 아침부터 해가 지도록 알아듣지 못하는 노래를 목청껏 부르고 있다. 나에게는 별로 듣기 좋은 소리가 아니다.

그냥 시끄럽다. 주파수가 맞지 않는 라디오를 틀었을 때의 시끄러운 잡음 같다. 듣기 싫은 소리를 억지로 들어야 하는 것이 얼마나 고역인가. 매미는 여름날의 불청객과 같은 존재라고 생각했었다. 매미는 수명이 길어야 십 일을 더 살지 못한다는 사실을 알았을 때 이해했다.

 동화 속 이야기 한 토막이 떠오른다. 십 년 동안을 애벌레로 지내다가 날개를 단 매미가 하늘을 날게 되었다. 흙 속에서 지내던 그는 시원한 바람과 밝은 태양의 따뜻함을 온몸으로 느끼며 행복함을 느꼈다.

 촉감으로 살아가던 매미는 세상의 모습이 어떤지 보고 싶은 욕망이 들었다. 날개는 달고 나왔지만, 눈은 아직 뜨지 못했다. 하루는 자신이 살았던 곳이 그리워 땅으로 내려왔다. 마침 잡초 틈에 있는 지렁이를 만나게 되었다.

 지렁이는 날개를 단 매미를 알아보지 못했지만, 매미가 하는 말을 듣고는 그가 애벌레였다는 것을 직감했다. 매미가 지렁이에게 부탁한다. "나는 눈이 없으니 네 눈을 나에게 주면, 내 목의 띠를 너에게 끼워줄게." 지렁이는 밋밋한 자신의 몸이 징그럽다는 것을 알고는 승낙을 했다.

 매미는 지렁이의 눈을 달고 하늘을 날았다. 세상은 너무도 아름다웠다. 높은 하늘을 지나는 구름의 유영과 밝은 햇살이 태양으로부터 온다는 것을 알게 되었다. 갖가지 나무들은 숲을 이루며, 시냇물의 도란거리는 모습도 알아보게 되었다.

 어두침침한 땅속의 세상과는 다르다. 그러나 매미의 눈은 지렁이의 것이기에 그리 오래 가지 않는다. 길어야 열흘이다. 눈을 얻었지만, 대신 수명은 짧아진 것이다. 그래서 매미는 오늘이 마지막이라는 생각으로 밝은 해가 뜨면 노래를 한다. 반면 지렁이는 매미가 지르는 노랫소리가 싫어 낮이 되면 땅속으로 들어갔다. 그리고 밤이 되면 갈 길을 잃어 이리저리 땅속을 파면서 눈을 잃은 자신의 모습을 비관하며 끼리끼리 소리를 낸다고 한다. 어두운 땅속에서 애벌레의 아름다운 띠는 보이질 않기에 눈을 준 자신이 더욱 밉기도 했으리라.

자연의 거슬림에 대한 벌인가. 인간의 삶도 그러할 것이다. 주어진 인생 바꿀 것이 무엇이냐. 자연이 준 대로 살다 가면 그만인 것을.

오늘 이 자리가 행복이다.

질경이

길바닥에 돋아난
질경이 풀
운명을 탓해서 무엇하리
행인들 발길에 누운 목숨
짓밟음에 비명 없이 살아난다
찢어지고 살갗이 뭉그러져도
연록의 새순을 어김없이
피워낸다
어디서 나오는 생명력일까
그저 운명이려니 하고
누워 있으면 햇살이 위로하고
바람이 찾아와 다독이며
빗물이 내려 상처를 감싸주니
할 테면 해봐라
모질게 다져 먹은 맘

참 야무진
질경이 생명

가을 여행

완연한 가을이다. 한여름 푸르렀던 녹음은 어느새 새빨간 단풍으로 물들고 들녘에는 갖가지 곤충들이 월동을 준비하는 듯 분주하다. 시끄럽던 매미들은 어디론가 떠나고, 귀뚜라미 소리가 슬프게 들린다. 봄이 피고 자라는 생동의 계절이라면 가을은 여물고 익는 결실의 계절이다. 하늘은 높고 불어오는 바람도 시원하다.

지난 9월 22일, 애월읍 노인회와 함께 도외 여행길에 올랐다. 김포공항에 도착하여 관광버스로 인천 영종도로 향하는 고속도로를 달렸다. 시야가 탁 트인 창밖을 바라보니 누렇게 이어가는 김포평야는 그야말로 황금물결이 일렁이는 바다다.

버스는 송도 엘엔지 건물에 도착했다. 인천과 경기 지역에 보급하는 연료 시설이라 그 규모가 대단했다. 엘피지 가스와 엘엔지 가스 성능 차이가 있다는 것을 알았다. 엘엔지는 공기보다 가볍다. 수소를 액체로 만들어 공급하는 것도 알게 되었다.

인천 연안을 관광하는 유람선에 승선했다. 뱃고동이 울리고 유람

선은 서서히 육지를 떠나 바다로 밀려갔다. 항구는 다 그런가. 갑자기 이별에 인천항, 연안부두 등 이별에 대한 노래가 생각났다. 헤어짐과 만남이 교차되는 곳, 그것이 세상의 희로애락이 서린 인천항구였다.

세계 무역선들이 오가는 인천항은 국제적이다. 인천항은 우리나라 중부의 대문 역할을 하고 있었다. 무역, 물류, 연표, 항만, 항공, 선박기지들이 광범위하고 그 기능과 역할의 중대성이 대단했다.

뿐만 아니라 6.25전쟁 당시 맥아더와 함께했던 제주 출신 3,4기 해병대들의 상륙작전을 성공으로 이끈 곳이기도 하다. 낙동강까지 밀려 풍전등화와 같았던 자유대한에게 희망의 불씨 속에 제주 인들이 있었다는 것에 감동이 밀려왔다.

인천 연안을 유람하고 버스에 올라탔다. 충남 예산군 덕산면 시골에 있는 온천 호텔에서 숙박했다. 나도 시골 촌부지만 충청도의 시골 풍경은 더욱 아늑하게 다가왔다.

넓은 평야에는 벼 밭이 황금으로 치장하고 뒷산에는 사과 대추, 포도, 무화과 밭이 가을을 수놓고 있었다. 좁은 자투리 밭에는 콩 고추 수수들이 여물어가는 모습은 가을이 아니면 느낄 수 없는 소박한 풍경들이다.

다음날, 백제 문화권인 부여로 향했다. 백제 시대의 역사 문화를 한눈에 볼 수가 있었다. 도자기와 유품 유물들을 관람하며 당시 사람들의 모습을 생각하게 했다.

박물관 주변에는 연못이 있었고, 수면 위에 피어있는 연꽃들의 색깔이 다양하다. 흰색 파란색 노란 줄무늬가 있는 연꽃들의 자태는 의자왕 주변 궁녀들의 아름다움과 같다. 금방이라도 유혹하며 말을 건넬 것 같은 매혹을 느끼게 했다.

마음은 연화의 궁녀에게 두고 몸은 수덕사로 향했다. 1,500년이 넘는 수덕사는 여승만이 거주하던 사찰로 청룡 백호의 산세와 안대봉에서 흘러나오는 수맥은 지관들을 감동시킨 모양이다.

일엽 스님의 수도처이며 수덕사의 여승 노랫말로 알려진 곳이다. 그뿐 아니라 백제의 왕세자가 수덕사의 여승을 짝사랑했다는 전설이 계곡을 휘이 돌아 차알찰 흘러내리는 물소리로 들려온다. 사랑은 시대와 관계없이 후대 사람들의 마음마저 애련에 젖게 하는 것이구나.

수덕사의 수림 속에는 초롱꽃이 옹기종기 피어있다. 어찌나 청순했던지 수덕사 여승들의 고운 미소를 상징하는 듯했다. 계단을 타고 내려오자 약수가 두 곳에서 졸졸 내리고 있었다.

산길을 오르고 수덕사를 찾는 사람들의 목마름을 달래 주는 곳이다. 수덕사는 정녕 온화하고 순백한 곳이라는 것을 느끼게 해줬다.

해넘이가 시작되자 대전시 유성에서 숙박하고 여행의 마지막인 청남대를 방문했다. 정부 수립 이후부터 정부 수장들의 동상과 유품 업적 및 재임 시 정치 사회 등 현대 역사를 전시하고 있었다. 국가의 존재는 오늘 이 시간 평가의 대상은 아니었다.

당시의 급변했던 상황들을 면밀히 살펴보면 이해가 되는 부분들이 있다는 것을 알게 되었다. 인간 개인의 삶이 존중되어야 하듯 국가의 운명 또한 수많은 우여곡절을 겪으며 현재를 이어가고 있다는 것이다.

   나의 가을 여행은 존재하는 삶과 만남의 시간이었다. 가을의 속삭임은 한군데에 머무르지 않고 모든 이들과 함께한다는 것, 김포평야의 황금물결, 박물관의 초롱꽃과 연화의 미소, 수덕사의 여승과 권력의 뒤안길에도 아름답고 넉넉한 모습으로 함께 했다.

난계 민속관을 돌아보며

　제주 관광 관련 업무를 담당하고 있던 나에게 전국에 있는 박물관 방문은 흥미로운 일이었다. 그러던 참에 충북 영동에 있는 난계 민속 박물관을 방문하는 기회가 왔다. 당시 제주에서 충북 영동으로 사적인 일로 가는 길은 그리 쉬운 일이 아니다. 일행과 함께 가는 길이라 즐거움이 있기도 했지만, 박물관에 소장된 갖가지 유물과 유품들이 궁금했다. 박물관을 보면 그 지역의 역사를 한눈에 알아볼 수 있지 않은가.

　난계 박물관을 들어서는 순간, 깜짝 놀랐다. 박물관 전체가 역사의 한 인물에 대한 유품과 그에 대한 소개였다. 내가 아는 박물관에 대한 지식은 민속과 풍습에 대한 것이거나 지역에 대한 유물들을 전시하는 것이었다. 박물관은 난계 선생의 출생과 일생에 대한 내용물들로 가득했다. 제주에서는 볼 수 없는 모습이라 긴장됐다.
　난계 선생은 조선 4대 세종 임금 때 과거에 급제했다. 벼슬을 대기하고 있던 난계 선생에게 왕이 물었다. 조정에서 백성을 위하여 가장 시급하게 해야 할 일이 무엇이냐는 것이다.

난계 선생은 "백성들이 굶주리고, 헐벗어 고통이 이만저만이 아니옵니다."

그러자 왕이 다시 물었다. "그런 처지에 있는 백성들을 구제할 방법은 무엇이냐?"

난계 선생은 "백성들의 배고픈 것은 당장 해결할 수는 없고, 헐벗은 것을 잘 입힐 수는 없으나, 백성들이 마음이 안정되고, 기쁘고 즐겁게 하는 방법은 있사옵니다."

왕은 반색하며 "어떻게 하면 백성들이 안정되고 기쁘고 즐겁게 하여 위로할 수 있다는 것이냐?"

난계 선생은 "지금 백성들은 지쳐있고, 삶에 대한 의욕이 떨어져 있습니다. 일터에서 춤을 추고 노래를 부르는 분위기 조성입니다. 그러기 위해서는 지역 관가에서 절기에 따른 농악 조직을 만들어 주는 것입니다. 그리고 자신의 소질에 따라 북, 장구, 징, 피리들을 활용해서 노래할 수 있는 악보를 제작하는 일입니다. 그러면 백성들은 일하면서 춤을 추고 흥겨워질 것이고 삶은 안정되고 기쁜 일상이 될 것이옵니다."

왕은 웃으며 "옳다. 자네가 그 직무를 맡아 백성들을 즐겁게 해주게나."

"어려운 백성들의 삶 속에 희망의 불꽃을 심어주겠습니다. 미래는 희망이며 소망입니다. 백성들이 겪는 오늘의 어려움은 훗날을 위한 시간일 것입니다. 항상 계획을 세우고, 준비하는 마음으로 도전하는 가슴에는 용기가 살아나 백성들의 삶은 더 나아질 것입니다."

왕은 난계 선생의 말을 듣고는 "이제야 백성들의 마음이 편하고, 안정되며, 행복하게 되는 길이 열렸구나."

난계 선생은 그 일로 예능에 관한 관직을 맡아 절기에 따른 농악들을 연구하고 제작했다고 한다. 그 시절부터 마당놀이, 판소리, 타작놀이, 탈춤, 어깨춤 등이 발전하여 지금에 이르게 되었다고 하니 그 업적이 박물관 고스란히 소장되어 있다.

박물관 구석구석을 돌아보며 난계 선생의 인자한 미소를 띤 초상화가 눈에 띄었다. 오늘 같으면 권력의 중심에 있었던 예조나 호조를 선택할 만도 한데 예능 관직은 당시 천한 계층이었을 것이다. 백성들의 아픔을 잘 헤아렸던 선생의 고귀한 성품에 숙연함을 느꼈다.

박물관은 역사가 살아 숨 쉬는 곳이다. 민속박물관 속에 소장된 갖가지 유물들은 그 당시 사람들의 숨결이라는 것을 새삼 느꼈다. 제주에도 후손들의 영혼을 사로잡을 위인들이 많을 것이지만, 만덕기념관 밖에 기억되는 곳이 없다. 그것도 박물관이 아닌 기념관으로 초라하다.

추억의 태국 여행

　관광 공예조합 상근 이사 시절 제주관광 상품 개발을 위한 지방경진대회를 개최한 적이 있다. 지역의 특산물을 활용한 다양한 상품들이 출품되었고, 우수작품 여덟 명이 입상자로 수상하게 되었다. 이들에게 외국 시찰을 통해 견문을 넓힐 목적으로 해외여행을 주선하였다. 동남아 국가 중에서 관광산업이 활발한 태국을 방문하기로 하였다. 당시만 해도 해외여행은 쉬운 기회가 아니다.

　1994년 12월, 입상자 여덟 명을 인솔하고 태국으로 떠났다. 해외여행으로 마음이 들뜬 일행들에게 동남아 지역 관광 상품들의 형태를 알아보고, 디자인, 재료, 기술적인 정교함, 가격들을 수집해야 한다는 과제를 주었다.
　태국 공항에 도착하자 뜨거운 열기가 온몸을 감쌌다. 제주도는 한겨울이라서 두툼한 옷을 걸친 일행들에게 열대지방의 새로움이 현실적으로 다가왔다. 미리 여름옷을 준비해 온 터라 버스에 올라타자마자 옷을 갈아입느라 수선을 떨었다.

　일행은 메남강을 끼고 있는 메남 호텔에 숙소를 잡고 여장을 풀었다. 특별한 일정이 잡혀있지 않았는데도 일행들은 이국의 밤거리의 풍경을 보자며 밖으로 나갔다. 혼자 객실에 앉아 내일의 일정을 가이드와 의논하다 창문을 열었다. 관광산업이 활발한 태국의 시내는 환한 대낮과 같았다. 울긋불긋한 네온사인이 저절로 입을 벌리게 만든다. 자동차보다도 많은 사람이 거리를 오가고, 색깔이 다른 인종이 하나가 되어 파라솔 안에서 맥주잔을 부딪치며 즐기는 모습이 평화롭게 보였다.

　답답한 끝에 호텔의 구조를 찾았다. 7층에 풀장이 있다는 것을 알고 엘리베이터를 타고 내려갔다. 풀장 안은 실내가 아니고 열려 있는 공간이었다. 유유히 흐르는 메남강도 볼 수가 있었고, 세계적으로 유명한 불교 사원 삼각 탑이 하늘 높게 치솟는 모습은 너무 경이로웠다.

　풀장에는 거의 유럽 여성들이 끼리끼리 수영을 하며 즐기고 있다. 보일 듯 말 듯 한 비키니 자림을 부끄럽게 쳐다보면서도 희열을 느끼는 것은 어쩔 수가 없다. 혼자 수영복을 갈아입고 풀장 안으로 들어갔다. 혼자 수영을 즐기는데 풍만한 외국 여성들이 물고기처럼 슬며시 다가왔다가 도망가듯 한다. 살짝 피하지 않으면 살갗이 닿을 수도 있다는 생각에 한쪽 구석으로 몸을 이동했다.

　하늘에는 조각달이 외로이 걸려 있었다. 가만히 쳐다보니 제주에서 이곳까지 따라와서 나를 위로해주는 것 같다. 여행은 혼자가 하는 것이 아니라 옆에 사랑하는 여인과 함께라면 얼마나 낭만적일까.

　이국땅의 외로운 밤, 반나체의 모습으로 물놀이하는 유럽 여성들의 모습이 너무나 고혹적이다. 주변을 돌아보니 풀장에는 남성 혼자다. 그렇다고 여성용 풀장은 아니다. 괜한 생각이 발동을 걸어왔다. 여성들이 있는 곳으로 헤엄을 쳐보자. 물을 가르며 가까이 다가가자 여성들은 컴온 컴온 하며 가까이 오도록 손짓하고 있다.

　코리안이라며 간단한 인사가 끝나자마자 여성들은 말장난을 걸어왔다. 같은 동작으로 물장난을 하다 보니 여성들은 떼를 지어 나의 머리를 누르고 있었다. 서로의 몸을 부딪치며 물맥놀이를 하게 되었다. 처음에는 살갗이 부딪칠 때마다 묘한 감정이 들었으나 시간이 갈수록 이성을 떠난 친구와 같은 우정을 느꼈다.

　수영을 마치고 파라솔에 앉아 생맥주를 곁들었다. 프랑스 이탈리아에서 온 유럽 여성들이다. 영어가 안 되는 나였지만 손짓발짓으로 표현해도 의사소통이 되어 깔깔거렸다. 전혀 이해관계가 성립되지 않는 시간 속에서 기쁨과 즐거움이 존재한다는 것을 새롭게 느꼈다. 늦은 밤하늘에는 아직도 조각달이 고개를 갸우뚱하며 내려다보고 있었다. 어쩌면 조각달도 나와 같은 감정이었는지 모르겠다.

　팔십을 넘긴 오늘, 지워지지 않는 조각달에 새겨진 추억은 잊을 수가 없다. 그녀들도 지금은 꼬부랑 늙은이의 모습으로 조각달을 바라보고 있지나 않을까.

제5부
단편소설

효자동아 자장가

효자동아 자장가

　효장은 국토청 사무관이다. 국가에 충성한다는 신념과 고위직 공무원의 품위를 가져야 했다. 어릴 적 조부모로부터 늘 부모에게 효도하고 국가에 충성해야 한다는 말씀을 마음에 담고 있었다. 국가공무원은 개인의 삶이 아니라 국민의 세금으로 먹고 사는 공무원이라는 것이다.
　시대의 정신을 바로 읽고 시대의 사명에 맞게 변화시킨다는 목적의식 속에 공무원 생활을 시작하고 있었다. 미래는 스마트시대이며, 정보화시대다. 정보통신이 국민의 삶의 질을 바꾸어 나갈 것이라는 신념으로 공무를 다져나갔다.

　그는 여러 직책을 수행하면서 미래에 맞는 계획을 하고 실천했다. 이해가 어려운 상사를 만나면 설득하고 부하직원들에게는 미래 창출이라는 사고를 심어주었다. 날이 갈수록 효장에 대한 상사들의 신뢰가 깊어가고 직원들의 존경을 담뿍 받았다.

국토청 도로국장이 되었다. 교통행정관으로 전국의 도로에 대한 교통을 설계했다. 국가에는 국도와 지방도, 철도가 있다. 서울과 지방을 잇는 도로망을 스마트하게 만들어야 한다는 것이다. 교통은 인적 흐름과 물적 흐름의 핏줄이다.

시간 절약과 함께 능동적으로 움직일 수 있는 도로망을 개설하는 것이다. 미래는 거리 단축과 공간을 효율적으로 활용해야 한다. 오직 물류 흐름만이 아니라 관광산업에 맞춘 도시 계획을 서둘렀다.

가장 먼저 해야 할 일은 경부고속도로라는 대동맥을 따라 분산되는 동해안과 서해안, 남해를 통하는 혈관을 만드는 일이다. 지역에 따라 구간을 선정하고 그곳의 자원 환경과 산업, 관광 등을 고려해야 한다. 또한, 지방과의 이해 문제, 법정 문제 등 복잡한 문제들이 산더미다.

다행스럽게 1차 국토 고속망을 수립했다. 이제부터는 중장기 계획을 수립해야 했다. 우선 제1차 사업으로 경부고속도로를 고속노선으로 지정하고, 부산항에서 시작하여 경상도, 충청도, 경기도를 거쳐 서울로 진입하는 청사진이다.

이 사업이 성취되면 대한민국은 엄청나게 변화할 것이라는 확신이 든다. 쉬운 일이 아니었다. 야당의 반대 여론에 따라 대규모의 데모가 곳곳에서 일어났다. 먹고 살기 힘든 나라에서 겨우 도로 개설하는 데 막대한 자금을 쏟는 것은 어리석은 정책이라는 것이다. 이해가 가는 부분이 있지만, 미래를 향한 대한민국의 길은 스마트한 도로망의 정리였다.

총괄계획서를 국무회의에 제출, 통과되었다. 효장의 작은 힘이었지만 미래의 국가 번영을 위한 초석을 둔 순간이지 않는가. 가슴속에 남아 있는 무게감이 쉬이 내려가는 것을 느꼈다. 이 느낌은 나의 것이 아니라는 외침이 들리는 듯했다. 아! 하는 내면의 소리와 함께 효장은 자리에서 벌떡 일어섰다. 제주 4.3의 아픔과 질곡에서 핏덩이였던 자신을 연명하게 해준 조부모의 자장가 소리가 귓전을 때리고 있었다.

*

1948년 6월이었다. 새벽 4시경 총소리가 마을을 울렸다. 고 훈장은 벌떡 일어났다. 창밖을 보니 총을 메고 몰려다니는 무리가 마을을 휘젓고 있었다. 지난번 마을에서 사단이 있었던 터라 불길한 생각이 들었다. 아들 내외가 자는 방을 허겁지겁 정신없이 두드렸다. 그리고는 아들 내외에게 집 가까이 있는 족대 밭 굴속으로 빨리 피신하라고 재촉했다.

아들 남헌은 아버지의 다급한 말에 3개월 된 아기를 안고 집을 나섰다. 부지런히 내달려도 쉬운 거리가 아니다. 족대 밭 굴은 소길 자랑 곶이 넘치면 도랑을 흘러내리다 생긴 자연 동굴이다. 동굴 위에는 족대와 왕대가 무성해서 사람들이 쉽게 찾아낼 수 없는 곳이다.

어둠을 뚫고 들려오는 남자들의 소리가 살기에 차 있다. 젊은 사람들의 목청이었지만 그들의 목소리에는 잔인한 죽음의 칼날이 서려 있었다.

동이 트고 날이 새었다. 총을 들고 무장한 젊은 사람들이 고 훈장 집에 들어섰다. 그리고는 아들이 어디 갔느냐고 소리쳤다. 고 훈장 내외는 점잖게 일렀다.

"이곳은 아무도 없이 두 늙은이만 사는 집이요."

무리는 집안 구석을 쿵쾅거리며 흙 묻은 구둣발로 돌아다니다가 옆방에 살던 아들 내외의 살림살이를 보고는 고 훈장을 발길로 처박았다. 도망간 사람들이 어디 있느냐며 군홧발로 훈장의 면상을 밟았다.

고 훈장은 살던 사람이 없는데, 그것을 왜 묻느냐며 항변하지만, 그들은 막무가내로 대답을 받아내려고 더욱 힘을 주었다. 고 훈장 아내는 젊은이들에게 매달려 제발 살려달라고 애원을 하지만 그들의 위세는 꺾이지 않았다.

새파란 젊은이들이었다. 후에 안 것이지만 서북청년단 일원이었다. 그들의 눈빛은 시퍼렇게 날이 서고 살기가 돌아 마치 사냥감을 보고 맹렬히 총구를 겨눈 사냥꾼 같았다. 마당에서 서성거리고 있던 일원들이 가까이 있던 족대 밭 속에서 이상한 소리를 감지했다. 아기 우는 소리였다. 서북청년단들은 주변을 살피면서 족대 밭을 디듬었다.

그 속에는 훈장의 아들 남헌 부부와 아기가 숨어 있었다. 좁은 공간에서 떨고 있는 그들에게 서북청년단은 가차 없이 총을 난사했다. 총소리와 함께 훈장의 아들 내외는 대나무와 함께 붉은 피를 내뿜으며 앞으로 고꾸라졌다.

고 훈장 내외는 "왁" 소리를 내지르며 죽을힘을 다해 달려갔지만, 서슬 시퍼런 청년들의 무력에 속수무책이었다. 그날 눈앞에서 일어난 아들과 며느리, 어린 손자의 비명을 처절하게 가슴에 담았다.

거짓말을 했다는 이유로 죄명을 붙여 그들은 고 훈장 내외를 마을 공회당으로 끌고 갔다. 마을 공회당에는 강제로 끌려 나온 마을 사람들이 공포에 떨며 모여 있었다. 아무런 이유도 모른 채 청년단들이 지시하는 데로 땅바닥에 넋이 나간 채 앉아 있었다. 그들은 좁은 공회당에서 학교 운동장으로 주민들을 이동시켰다. 아침 햇살이 운동장을 내리비치고 있었다. 마을 사람들이 개천에서 옮겨 만든 운동장의 모랫바닥은 따스했지만, 서북청년단들의 눈빛은 살기로 가득 찼다. 구령대를 중심으로 남자와 여자를 구분하여 대열을 세우고는 자리에 앉게 했다. 시간이 지날수록 주민들의 숫자는 늘어났다.

아침 해가 밝아 오면서 주민들을 운동장으로 강제로 끌고 와서 남과 여를 구분하여 집결시켰다. 책임자인 듯한 청년이 구령대에 올라 지시를 내린다.

"남자 줄은 앞으로 가! 하나, 둘 하나, 둘, 제자리, 서, 엎드려!"

마치 군인들에게 하는 명령과도 같았다. 남자들은 모두 엎드렸다. 공포에 질린 주민들은 얼굴을 땅에 박고 넋이 나간 채 아무런 생각이 없다. 이때 책임자인 듯한 사람의 구령이 내려졌다.

"여자들은 남자의 등에 올라타라!"

옆줄에 있던 여자 주민들은 어쩔 줄을 몰라 서성거렸다. 그러자 청년들은 여자들을 강제로 남자들의 등 위로 올려 태웠다. 마을에 여성들이 많았기에 남은 사람들도 많았다. 책임자인 청년은 여자를 태운 남자들에게 운동장을 돌게 했다. 동네 사람들이라 모두 다 아는 처지인데도 이웃 아낙을 등에 태우고 힘겹게 걸음을 했다.

운동장 모래는 고운 모래가 아니다. 늙은 남자들은 무릎이 까지고 피를 흘리면서도 청년들의 매질을 맞지 않기 위해 운동장을 걸을 수밖에 없었다. 공포에 질린 여자들은 마을의 어른으로 모시던 분의 등에 올라 있는 것만으로도 안절부절못했다. 한 바퀴를 돌고 나면 남은 여자들을 등에 태우고 운동장을 돌아야 했다. 어떤 여자들은 그럴 수 없다고 거부하기도 했다. 그럴 때마다 청년들은 총 개머리판으로 머리를 내리쳤다.

머리에서 흘러내리는 핏물을 닦으면서 울부짖는 여자들은 이웃 할아버지와 삼촌들의 기이한 광경에 눈을 들지 못했다. 운동장을 몇 번이나 기어 다니는 남자들의 무릎에서 새어 나오는 핏덩이보다 지켜보는 여자들의 울음소리가 남자들의 가슴을 아프게 했다.

한참 후 서북청년단들은 광기를 멈추었다. 적극적인 협조를 하지 않으면 모두 한꺼번에 총살할 수도 있다는 엄포도 덧붙였다. 마을 여자들은 운동장 복판에 널브러진 아버지, 그리고 남편과 동네 삼촌들에게 달려갔다. 그리고는 깨진 무릎으로 일어서지 못하는 남자들을 부축하여 집으로 돌아갔다.

　고 훈장 내외도 집으로 돌아왔다. 동네에서 어른으로 존경받던 고 훈장의 무릎은 살이 뭉그러지고 뼈가 앙상하게 드러나 있었다. 눈물 범벅이 된 아내는 수건을 벗어 훈장의 무릎을 감싸려고 했다. 먼지와 땀으로 얼룩진 고 훈장은 아내의 손을 내리쳤다. 그리고는 집 밖 족대 밭으로 비틀거리며 걸어갔다. 총탄으로 잘린 핏물 자욱이 배인 대나무 가지 덤불을 훔쳐냈다.

　아들 부부는 이미 이승 사람이 아니었다. 얼굴과 가슴에서 흥건하게 흘러나오는 핏물은 식어 있었다. 비탄 중에 미처 감지 못 한 두 눈을 손등으로 쓸어내려 감게 주었다.

　내가 목숨으로 키운 자식이 아니었는가. 내가 죽고 네가 살아야 할 세상이 왜 이리 야속할까. 어린 아들을 품에 꼭 안고 눈을 감은 며느리, 불쌍하다. 어찌할꼬. 젊디젊은 나이에 이 집 며느리로 들어와 아들 하나 낳았으니 얼마나 효부인고. 깨진 무릎 꿇고 아들 내외를 안은 훈장의 가슴에는 절망에 찬 탄식으로 깨문 혓바닥에서 흥건하게 피가 배어 나왔다.

　이때 아기의 울음소리가 훈장의 귓가를 때렸다. 죽은 아들과 며느리 사이에 생후 3개월 손자가 숨 쉬고 있었다. 아들 내외는 숨이 끊어지는 순간까지 자신의 아기를 감쌌다.

　자기 핏줄을 지키고자 했던 아들 내외의 모습을 생각하던 훈장은 통곡하지 않을 수 없었다. 손자를 가슴에 안고 하늘을 향해 소리쳤다.

"애들이 무슨 죄를 죄었는고. 천벌을 받을 것이로다."

시대의 아픔인가! 그러나 아직도 피지 못한 동백꽃은 서북청년단들의 만행을 고발하기 위해 해마다 꽃을 피운다.

*

훈장의 아내는 피투성이로 죽은 아들 내외 품속에서 가냘프게 숨 쉬는 손자를 안고 나왔다. 어린 손자의 여린 심장 박동 소리를 들으며 아들 내외와 작별을 고했다. 어쩌면 아들과 며느리를 꼭 닮은 어린 손자의 모습은 훈장 내외에게 남은 후손의 숨결이 아닌가.

아기에게는 엄마의 젖이 필요했다. 쌀뜨물 미음으로 우는 아기를 달래려고 애썼지만, 소용이 없다. 아기가 울음 울 때마다 대나무 숲에서 비명으로 세상을 떠난 아들과 며느리의 울부짖음이 귓전을 떠나지 않았다. 보호해주지 못한 아들 내외를 생각하니 피눈물이 강물처럼 철철 넘쳐흘렀다.

살벌한 동네의 분위기를 살피면서 젊은 아낙이 해산한 지 얼마 안 된 집을 찾았다. 훤한 동네 사정이라 인징으로 받아 주리라 생각했지만 헛걸음이다. 총 든 서북청년단들의 위협으로 젊은 산모들의 충격을 받아서인지 젖줄도 말라 버려서 한 모금의 젖도 나오지 않았다. 자신의 아기에게도 나오지 않은 젖을 남에게 줄 수 없겠지.

훈장 아내는 우는 아기를 안고 이곳저곳을 수소문했다. 겨우 젖을 내는 산모를 찾아내어 남은 젖을 부탁하는 젖동냥을 한 것이다. 마을에 들어온 서북청년단들의 매서운 눈초리를 피해 가며 손자의 숨통을 이어갔다.

고 훈장에게는 하나밖에 없는 외아들이었다. 비명에 간 아들 내외도 불쌍하지만, 살아있는 외손자는 고 훈장의 마지막 희망이다. 이승을 떠나 저승에서 만날 조상님들과 아들 내외를 생각하면 밤잠을 이룰 수가 없다. 나의 잘못으로 생긴 일이었으면 그나마 사죄를 드릴 수 있겠지만, 저항할 수 없는 세력에 의해 무참히 죽은 아들 내외를 생각하면 원통하고 칭원(稱冤)하다.

가슴 깊은 곳에서 움틀 대는 핏덩이가 목구멍에서 솟아오른다. 고 훈장은 손자의 이름을 효장이라 지었다. 너만큼은 효자가 되고 장수하라는 의미였다. 텅 빈 아들 방에서 꺼낸 대나무 구덕에 효장이를 뉘어놓고 자장가를 부른다.

"은자 동아 금자동아 천지 만곤 일월동아
만천 산에 귀염둥이 채색 비단 오색동아
창해 바다 진주 동아 칠보 천금 보배동아
금을 주면 너를 살까 은을 주면 너를 살까
삼천갑자 동방색이 명을 받은 출생동아
아침나절 오이 크듯 저녁 무렵 가지 크듯 쉴새 없이 자라나라
우뚝우뚝 피어나라 말끝마다 품위 나고
글발마다 문장 되라 나라에는 충성동아 조상에는 효자되라
일가친척 화목동아 붕우 간에 믿음동아
동네방네 귀염동아 사람마다 칭찬동아

산 같이 드높고 바다 같이 덤덤하라
웡이 자랑 웡이 자랑 우리 아기 울지 않고 잘도 잔다"

고 훈장 부부는 아들보다 더한 사랑과 정성으로 손주가 다섯 살 될 때까지 구덕에서 곁을 떠나지 않았다. 보통 아기들이면 걸어 다니고 말을 할 터인데 어린 효장은 말이 더디고 걸음이 시원치 않았다. 그런 모습을 볼 때마다 훈장 내외는 대나무밭의 악몽을 떠오르며 가슴을 쓸어내렸다.

*

어느덧 효장의 나이가 아홉 살이 되었다. 4.3의 아픔과 상처는 오롯이 남은 마을이었지만, 사람들은 서서히 일상으로 돌아가고 있었다. 총을 든 외부인들도 사라지고 제삿날 자정이면 어둠 속에서도 제사 음식을 들고 동네를 찾아드는 사람끼리 무언의 인사를 나누었다. 한날한시에 비명으로 돌아가신 망인들을 추모하는 날, 서로에게 무슨 위로의 말이 필요할까.

효장은 늙은 조부의 일거리를 마다하지 않았다. 집안 심부름이며 할머니 대신 우물가에 가서 물동이를 지고 길어오기도 한다. 가을이면 동네 사람들과 들에 나가 겨울을 지낼 땔감까지 등짐을 지고 왔다. 목장 밭에서 마른 말똥을 가마니에 담고 와서는 겨울나기 안방 땔감으로 준비하기도 했다.

동네 사람들은 효장의 모습을 보며 비명에 간 부모를 안쓰럽게 보기도 했지만, 부지런하고 착실하게 조부에게 효도하는 모습에 동네 효자라고 칭찬 일색이다. 늙은 훈장은 아들 대신 손자의 모습을 보면서 대견스럽기도 했지만, 안쓰러웠다.

　세월은 어쩔 수가 없었던 것인가. 효장이 열 살 되던 때에 할아버지와 할머니 두 분이 세상을 떠났다. 고아가 된 효장은 어린 나이에 가족 없이 세상을 살아가야 했다. 물론 동네 사람들이 어린 효장을 뒷바라지했지만, 텅 빈 훈장 집에서 밤을 새는 일까지 도와줄 수는 없는 일이다. 어린 효장이었지만, 영특했다.
　봄볕이 따스하게 방 안으로 스며드는 날, 효장은 동네 청년과 함께 학교를 찾아갔다. 조부가 살아계실 때 천자문을 읽던 그에게 학교는 낯선 곳이다. 학교는 넓은 운동장과 벽돌로 된 현대식 건물이 위압감을 주었다. 취학 연령이 훨씬 지난 열 살이라 입학이 안 되는 상황이다.
　교장실로 들어갔다. 교장 선생님은 나이가 많아서 입학을 허가할 수가 없다는 말에 함께 간 청년은 효장을 말없이 바라보다 교장 선생님을 쳐다보며 말을 꺼냈다.
　"교장 선생님, 애는 가족이 없는 고아입니다. 동네 훈장님이셨던 할아버지와 할머니도 돌아가셨습니다. 학교에 월사금도 못 낼 아이입니다. 급사로 써주시면 고맙겠습니다. 아이의 보호자로 마을 청년회가 대신할 겁니다. 이 아이는 동네 어른의 손자입니다."
　교장 선생님은 함께 찾아갔던 동네 청년의 말을 듣고는 효장의 눈을 쳐다보았다. 학교 급사는 교장의 권한으로 쓸 수 있는 임시직이었다.
"그래, 배움의 열의가 있다면 그것으로 충분하다. 어린 나이에 정규 학생으로 받아주지 못하는 내가 미안하다. 급사로 일하면서 시간이 되면 교실로 가서 수업을 들어도 괜찮다."

효장에게 새로운 삶이 시작되었다. 아침이면 학교로 등교 아닌 출근하여 교실 문을 열고 아이들이 등교하기를 기다렸다. 교무실 한쪽에 앉아 있다가 수업의 시작과 종료를 알리는 시간에 맞추어 현관에 매달린 종을 쳤다.
"효장아! 수업 시작이네."
선생님들의 말을 따라 줄달음으로 종 꼬리를 잡아당기면 선생님들은 교무실을 떠나고, 시간이 되어 종을 치면 선생님들은 다시 교무실로 들어왔다. 그럴 때마다 효장은 즐거웠다. 수업을 마치고 교무실로 들어서는 선생님들은 효장을 보며 고맙다는 인사를 보내는 것이다. 그런 선생님들은 다정한 모습으로 심부름시키기도 했고, 우유나 빵 과자를 주기도 했다.

학교에서 만나는 선생님들과의 일상이 재미도 있었지만, 학생들과의 관계는 그리 만만하지 않았다. 돈이 없어서 급사한다는 비아냥댐과 선생님들과 가까이한다는 것이 또래 아이들에게는 질투와 시샘이 된 것이다.
마을에서는 훈장의 손자라는 어른들의 칭찬이 있었지만, 아이들에서는 따돌림의 대상이었다. 할아버지에게서 배운 한문의 지식이 있었던 그는 초등학교 교과서를 이해하고 독습할 수 있는 기본이 있어서 선생님들이 주는 교과서를 열심히 공부하였다. 이해가 어려운 산수와 자연에 대한 것들은 쉬는 시간에 선생님들의 도움을 받았다. 배우는 것이 너무도 즐거웠다.

학교 급사를 시작한 지 삼 년이 지났다. 효장은 교장실로 들어갔다.

"교장 선생님, 제가 삼 년 동안 일하면서 초등학교 6년 과정을 독학으로 마쳤다고 생각합니다. 지금 제가 열세 살이라 중학교에 입학할 나이입니다. 중학교에 입학해서 더 많은 공부를 하고 싶습니다. 초등학교 졸업장이 필요합니다. 그러한 실력이 되는지 평가해 주셨으면 감사하겠습니다."

효장의 공부하는 모습을 지켜봤던 교장 선생님은 안타까운 눈으로 효장을 쳐다봤다. 나이를 보면 졸업할 때이지만 정상적인 학생의 신분이 아닌 급사였기에 규정에 맞지 않는다는 것을 알고 있었다.

효장은 죄 없는 시대의 희생양이었음을 교장 선생님은 알고 있었다. 그렇지만 똑같은 미래의 아이였고, 영특하다는 것을 알기에 교육자의 양심이 가슴에서 우러나왔다.

"정상적인 학생이 아니었기에 졸업할 수 있는 능력이 되는지 알아야겠구나. 어떻게 보면 졸업시험이 되겠네. 그래도 괜찮니?"

"네, 그렇게 하겠습니다."

교장 선생님은 교무실에 있는 6학년 선생님을 부르셨다. 그리고는 효장의 뜻을 얘기하고는 고개를 끄덕거렸다.

"효장아, 교장 선생님께서 졸업시험을 보게 하신단다. 만약 시험에서 기준에 미달하면 졸업할 수가 없다는 것 알겠지?"

"네, 잘 알고 있습니다. 선생님."

선생님과 대화하는 효장의 모습을 보는 교장 선생님의 얼굴에는 환한 미소가 감돌고 있었다.

"효장 군, 시험은 쉽지 않을 거야. 그래도 할 수 있다는 신념으로 잘 봐. 그래야 졸업장 받을 수 있어."

"교장 선생님, 감사합니다. 열심히 준비하겠습니다."

6학년 학년말 시험일이다. 교무실에 앉아 있는 효장에게 시험실로 들어오라는 신호를 받았다. 조심스럽게 교실 안으로 들어섰다. 맨 끝자락 구석에 별도의 책상에 앉았다. 모두 시험이라는 경직된 분위기 속에 효장이 존재는 관심조차 없다. 효장도 마찬가지다.

효장이 쳐야 하는 종소리가 교실 안을 울렸다. 효장이 그렇게 즐겁게 쳤던 종소리가 이 순간만큼은 가슴을 철렁거리게 했다. 얼굴을 책상에 박고 마지막 차례에 오는 문제지를 받았다. 첫 시간 국어 문제에서부터 아는 문제들이 보였다. 조부에게서 배운 한자어와 교무실에서 선생님들이 주신 말씀들이 하얀 문제지 위에 정답으로 또박또박 메워지고 있었다.

첫 시간이 지나고 둘째 시간을 기다리고 있는 효장에게 동네 친구들인 학생들이 더러 비아냥거리지만 그리 신경을 쓰지 않았다. 효장에게 중요한 것은 시험성적일 뿐이다.

산수 시험과 자연, 모든 시험 시간이 지났다. 학생들은 어려운 문제들이 많았다고 투덜거렸다. 시험에 대한 경험이 전혀 없었던 효장이었지만, 문제에 대한 어려움은 느끼지 못했다. 다만, 졸업장을 받을 점수가 얼마인지 알 수가 없어 불안했다.

문제가 생겼다. 효장의 성적이 모든 과목 만점이 나온 것이다. 담당 선생님은 효장을 조용히 불렀다. 학교 급사가 전 교과목 만점이라고 발표하게 되면 재학생들이 반감이 있을 것이다. 교무실 선생님과 결탁했다는 오해가 있을 수 있으니 효장의 성적은 공개하지 않고, 교장 선생님 재량으로 졸업장을 개인적으로 수여하는 것으로 결정했다는 것이다.

교장실을 나온 효장은 어린 나이였지만 이해가 갔다. 육 년 동안 정상적인 수업을 받는 아이들과 삼 년을 급사로 지내면서 공부한 자신과는 다르다는 것이다. 교장 선생님과 교무실 선생님들에게 너무도 감사하다는 인사를 하고 또래 아이들과 함께 초등학교를 떠났다.

초등학교 삼 년은 많은 것을 배우고 체험했던 시간이었다. 독학이라는 어려운 과정을 거치는 동안 선생님들과의 생활에서 사회에 적응 능력을 체득했다는 자부심이다.

*

효장은 나고 자란 장전마을을 떠나기로 했다. 간단한 소지품을 챙기고 제주시로 향해 걸었다. 포장이 안 된 일주도로를 걸으면서 낯선 미래에 대한 불안감과 기대감으로 스쳐 가는 환경들을 바라보았다. 한낮을 걸어 시내로 들어서자 시멘트로 된 건물들이 시야에 들어왔다. 이곳이 성안이구나.

넓은 도로가에는 시골에서 볼 수 없는 형형색색의 간판들이 줄지었다. 이곳저곳을 걸으며 시내의 풍경이 가슴을 짓누르고 있다는 것을 느꼈다.

전기모터스라는 간판이 눈에 들어왔다. 무슨 의미도 모른 채 무턱대고 들어갔다. 쇳덩이로 된 물건들이 가지런히 나열된 진열장을 바라보는 효장에게 주인이 다가왔다. 손님은 아닌 듯한 어린아이가 서성이는 모습이 의아했던 모양이다.

"어쩐 일로 왔니?"

퉁명스럽지 않고 다정한 말투다. 효장이는 용기를 냈다.

"촌에서 왔는데, 무슨 일거리라도 있으면 열심히 하고 싶습니다."

"그래? 무엇할 줄 아니."

"나이가 어려서 할 줄 아는 게 없습니다. 그저 시키는 일이면 배우면서 열심히 할 수 있습니다."

효장의 말에 주인은 호감이 간 듯 빙긋이 웃는다. 마침 심부름할 아이 하나 필요했던 모양이다.

"그렇구나. 내일부터 매장에 나와 함께 일을 해보자꾸나."

"감사합니다. 감사합니다. 내일 뵙겠습니다."

효장은 그 길로 애월 장전으로 내달았다. 시내에서 일할 수 있다는 희망이 부푼 것이다. 장전으로 돌아온 효장은 이웃에서 자신을 돌봐줬던 동네 사람들과 학교 선생님들을 찾아 시내에서 취직했다고 자랑스럽게 인사했다.

4.3사건으로 고아가 된 어린아이가 시내로 간다는 말에 걱정이 앞섰지만, 열심히 하라는 격려밖에 할 수 있는 것이 없었다. 3년 전부터 고아로 살았던 할아버지의 집, 혼자 밤을 새웠던 효장은 얼굴도 모르는 부모님과 할아버지의 온기가 담긴 방 안에서 작별을 고하는 하룻밤을 보냈다.

다음날, 시내에서 살아갈 준비물을 챙기고 새벽길을 떠났다. 이른 시간에 상점 문에 들어서자 어제 만난 주인이 반갑게 맞아주었다. 사무실과 공장 안을 청소하고 전기모터 시동 거는 일들을 주문했다. 효장은 주인이 시키는 일 말고도 제가 할 일들을 찾아 열심히 했다.

학교 급사하면서 선생님들의 심부름 했던 것들이 몸에 밴 효장이다. 주인은 4.3사건으로 부모를 여의고, 할아버지 손에서 자라다 고아가 되었다는 말을 듣고 집에서 숙식할 수 있도록 배려하였다.

성실하게 일하는 어린아이가 주인은 마음에 들었다. 주인으로부터 인정을 받은 효장은 학업에 대한 욕심이 났다. 낮에는 전기모터 기술을 배우고, 밤에는 야간학교에서 지식을 쌓았다.

어느 날, 효장은 주인에게 자신의 소망을 알렸다. 심성이 고운 어린아이의 미래가 달린 문제라는 것을 깨달은 주인은 흔쾌히 허락했다. 제주 시내에서 조끔 떨어진 오현 중학교 야간부에 원서를 내고 입학시험을 치렀다. 학교 급사생활을 통해서 선생님들의 학업 도움을 받은 효장에게 시험은 그리 어렵지 않았다.

　효장은 마침내 전교 입학생 수석으로 합격의 영광을 안았다. 낮에는 공장에서 모터 작업을 하고 밤에 등교하는 것이 고단하고 무척 힘이 들었다. 동급생들이라 하지만 나이 차이가 열 살이 넘는 사람들도 있었다. 학년이 바뀌면서 학급 학생들의 수가 점점 줄어들었다. 어느새 삼 년이라는 시간이 흐르고 몇 명 안 되는 동급생들과 함께 졸업했다.
　야간부 선생님들은 효장의 능력이 아까워 고등학교 진학을 권장한다. 주인 역시 열심히 일하고 공부하는 아이가 기특했다. 전기모터를 활용하여 난방 기계를 나름 제작하는 모습을 보면서 똑똑한 아이라는 것을 알고 있었다. 주인은 숙식과 공납금을 제공해주겠다며 효장을 격려했다.
　고등학교 야간부에 입학했다. 중학교 때와 마찬가지로 동급생들의 나이 차이가 컸다. 아서씨 아줌나와 같은 사람들 속에서 효장은 제법 청년의 모습으로 자라고 있었다. 공장에서 전기 용접하는 모습은 숙련된 성인의 모습이다. 어린아이 모습으로 방문을 두드렸던 삼 년 전의 모습을 생각하던 주인은 피식 웃음을 짓는다.
　효장은 책임감과 의욕이 강해서 누구보다 기술을 빨리 배워 익혀 나갔다. 자신에게 주어진 일에 대해서 모자란 부분은 선배 용접공들로부터 배우는 겸손과 의욕이 남다르다. 앞으로 크게 될 인물이라는 생각으로 효장에게 미래에 대한 꿈을 심어줬다.

　효장의 마음속에는 유아 시절, 조부모가 효자동이가 되라는 노랫가락이 떠난 적이 없었다. 부모에게 효도하고 국가에 충성을 다한다는 어릴 때부터의 굳은 신념이었다. 고등학교를 졸업한 효장은 심란했다. 비록 야간 학생이었지만, 공부한다는 것이 재미가 있었고, 자신의 미래를 위해 공부는 계속해야 했다. 서울로 가자. 마음속으로 굳은 다짐을 하기에 이른다.
　하루는 주인에게 자신의 뜻을 전달했다. 천하 고아인 효장에게 아들과 같은 마음이 든 주인은 처음엔 서울행을 만류했다. 서울 생활이 그렇게 녹록하지 않다. 숙식과 생활비, 등록금은 효장에겐 가히 천문학적인 돈이다. 삼 년 동안 일하면서 저축한 돈으로는 감당이 되질 않는다. 그렇다고 주인이 학비를 도와줄 형편도 아니다.
　서울은 눈 뜨고 코를 베어 가는 곳인데 아는 사람이 있는 것도 아니고 그렇다고 많은 돈을 가진 것도 아니다. 자신의 집에서 계속 일을 하게 되면 살아가는데 경제적으로 어려움이 없을 것이라고 설득했다.

*

　2월의 제주 부두는 쌀쌀했다. 헐렁한 가방 하나만을 들고 선 효장의 마음은 더욱 한기가 엄습하고 있었다. 젊음의 열정으로 목포행 선박에 올라탔다. 출항과 함께 뱃전에 부서지는 하얀 포말을 뒤로 하고 멀어져가는 한라산을 돌아보며 손을 흔들었다.

과연 이겨낼 수가 있을까. 내가 좌절이라는 벽에 멈췄을 때 듬직한 힘이 되어 달라고 마음의 수호신인 한라산에게 빌어본다.

서울은 대한민국의 수도이며 정치 경제 사회 문화의 중심지다. 그곳에는 많은 꿈이 살아 숨 쉬지만, 꿈을 이루는 사람은 많지 않다고 말하던 고등학교 시절 사회 선생님의 말씀이 떠올랐다.

서울역에서 잠깐 머문 효장은 남대문 지하로 들어갔다. 지하상가에는 많은 사람이 장사를 시작하기 위해 분주하다. 빗자루와 가마니를 들고 바닥을 청소하는 사람들의 바쁜 손놀림이 신기했다. 그러던 사이 한 젊은 여성 청소부가 비질을 하다말고 말을 건넸다.

"젊은이 잠깐 자리를 비켜줄 수 있나요?" 나긋나긋한 서울 말씨가 가슴으로 스며들었다. 왠지 정겨운 느낌이 든다.

"저는 새벽 기차로 서울에 처음 왔습니다. 초행이라 방향 분간이 안 되네요."

"어디 갈 곳이 있겠지요?"

"없습니다. 제주에서 거의 혼자 살았기에 의지할 곳이 없는 것은 마찬가지입니다."

안타까운 마음이 든 청소부는 불쌍한 생각이 들었다.

"서울은 더 어렵고 힘든 곳이에요. 아무나 살 수 있는 곳이 못 돼. 점심시간이니 이리 와서 한 끼 들고 가요."

"감사합니다. 제가 도와드릴 것은 없습니까?"

"없어, 그냥 따라와요."

지하도 한쪽 구석으로 따라갔다. 그곳에는 대여섯 명의 청소부 여자들이 도시락을 꺼내고 있었다. 낯선 청년 하나를 데리고 온 이에게 턱을 치켜 올리며 누구냐고 물어보는 것 같았다.

"고아인데, 제주도에서 무작정 상경했다는구먼, 돈 떨어지고 며칠 굶었다기에 불쌍해서…."

다른 청소부가 곁눈질을 한다.

"믿을 수가 있나. 어떤 사람인지? 그래도 밥이나 먹어라."

청소부들 틈에서 내어주는 밥을 받아먹는다. 상거지나 다름없다. 밑바닥 인생이 아닌가. 어떻든 살아남아야 한다. 청소부들의 배려로 한 끼의 식사로 에너지를 충전할 수 있었다.

지하도를 나와 낯선 서울 길을 걸었다. 목적도 없이 건물의 광고판을 보면서 할 수 있는 것을 찾았다. 내가 할 수 있는 것은 전기 용접 밖에는 없다. 전기 용접이라는 간판은 보이질 않는다.

하루해가 지자, 영등포의 어느 골목으로 들어갔다. 바람이 막힌 좁다란 구석에 자리 잡았다. 하룻밤을 지내야 한다. 이른 봄이라 기온은 뚝 떨어져 한기가 엄습해왔다. 윙윙거리며 기계가 돌아가는 소리와 자동차들의 소음으로 잠은 오지 않는다. 거적을 밀쳐내어 하늘을 쳐다보았다. 선명하지는 않았지만, 초승달이 떠 있었다. 제주에서 보던 달이 분명하나 그러나 그달은 아니다. 황망하고 답답한 느낌이다.

제주 4.3사건으로 조실부모한 자신이 서울 한복판에 덩그러니 남겨져 있다. 어두운 세상에 태어나서 이렇게 헤매다 갈 수는 없다. 회광반조(回光返照)라 했다. 해가 지기 직전에 잠깐 하늘이 밝아진다는 말이다.

나도 이 그늘진 곳을 뒤집고 밝은 빛이 비치는 곳을 찾아갈 수가 있을 것이다. 죽지 않고 걷다 보면 자신을 도와줄 은인을 만날 수도 있다. 무망지인(毋望之人, 급한 어려움에 처했을 때 뜻밖의 도움을 주는 사람), 무망지복(毋望之福, 생각지도 않았던 복)이 나에게 없을 리가 없다.

날이 밝아왔다. 새벽녘 영등포의 생소한 길을 나섰다. 공장들이 즐비해 있다. 어쩌면 내가 찾는 곳이 있을 수도 있다. 큰길가에서 좁은 골목으로 들어서자 허름한 건물 벽에 모터스 전기 땜질이라는 간판이 보였다. 이른 새벽이라 셔터가 내려져 인적이 없다. 기다리자 사람이 올 때까지 혼잣말로 중얼거리며. 도로 턱에 주저앉았다. 갑자기 어젯밤 못 이룬 잠이 쏟아진다.

사람들의 발걸음에 부스스 잠에서 깼다. 한참을 잔 모양이다. 셔터가 열려 있는 문을 열고 안으로 들어갔다. 물건들을 정리하던 한 사내가 쳐다본다.

"저는 제주도에서 왔습니다. 고아로 자라 배운 것이라고는 전기 용접 기술밖에 없습니다. 이곳에서 일할 수만 있으면 열심히 하겠습니다."

"나는 사장이 아니에요. 조금 있으면 사장님이 출근하시니 그분께 말씀드려 보세요."

중년 사내의 목소리가 그리 거부적이지 않았다. 효장은 내부에 있는 물건들을 쳐다보았다. 낯익은 것들도 시야에 들어왔지만, 크기가 다른 것들은 생소했다. 어린 나이에 기계와 친숙했던 터라 어떤 자신감이 들었다.

사람들이 하나, 둘 들어온다. 종업원들인 듯 근무복에 기름기가 묻어있다. 넥타이를 맨 한 장년이 들어왔다. 안에 있던 사람들이 인사를 깍듯이 한다. 사장인가 보다. 앞 직원에게 인사했던 말을 했다. 사장은 효장을 쳐다보다가 의자에 앉으라고 권한다.

"그래, 전기모터 용접하는 기술이 있다고 했나. 얼마나 일했어요?"

"초등학교 졸업하고 나서 시작했습니다. 5, 6년 됩니다."

"그럼 제주에서 일하지 왜 낯선 서울에까지 왔어?"

"서울에서 공부하고 싶었습니다. 기회가 되면 일하면서 야간대학에 다닐 계획입니다."

"일하면서 학교 공부까지? 꿩 먹고 매 잡겠다는 거네. 이곳은 밥 먹고 살기가 어려운 곳이야."

"사장님, 일을 시켜주십시오. 열심히 하겠습니다."

효장의 간절한 눈빛을 읽은 사장은 빙그레 웃음을 짓는다.

"용접 기술 경험이 있다고 하니 내일부터 이곳에서 일해보세요. 일하는 것을 보고 난 후에 부서를 알려줄게."

"감사합니다. 내일 아침 일찍 출근하겠습니다."

효장은 연신 고개를 숙이며 사장에게 인사를 했다. 취직이다. 이제 시작이다. 그리고는 허름한 골목으로 들어가 방 한 칸을 구했다. 짐을 내려놓고 방바닥에 누웠다. 잘 될 것이다. 어떠한 어려움에도 좌절하지 말고 힘을 내자. 이곳에서의 나는 제주의 내가 아니기에 참고 또 참고 시간을 이겨내자.

다음날, 효장은 가장 먼저 출근했다. 그리고는 빗자루를 들어 공장 안을 깨끗하게 청소해 나갔다. 종업원들이 출근하면서 공장 안의 청결함에 답이라도 하듯 효장에게 반갑게 손을 흔들었다. 기분이 좋았다. 그리고는 모터 관리 용접시설 시스템에 대한 기계와 방법들을 파악해나갔다.

숙련공들의 잔심부름부터 용접 일을 세밀하게 처리했다. 직원들과의 관계나 용접 일들은 제주에서 몸이 배어 있었기 때문에 직원들에게 인정을 받았다.

*

여름이 되었다. 이곳에서도 매미는 같은 소리로 울고 있었다. 이제는 회사의 한 부분을 담당하는 전문 용접공이 되었다. 회사의 일은 무난하게 적응이 되었기에 대학에 대해 알아봤다. 서울대 입학이 목표다. 쉬운 일은 아닐 것이다. 정상적인 학교 수업을 받은 아이들과의 경쟁에서 이겨내는 것이다.

회사에서 주는 월급을 저축하면서 대입 참고서를 샀다. 회사 직원들과 회식 때마다 참석하지 못하는 어려운 부분들이 있었지만, 이해를 해주는 직원들의 배려에 감사했다. 그들은 효장의 꿈을 알고 있는 사람들이다.

가을에 접어들었다. 효장은 사장을 만났다. 서울대학 입학원서를 보여주었다. 깜짝 놀라는 모습이다.

"효장아, 자네가 입사할 때가 생각난다. 서울에 온 목적이 공부하기 위해서라는 말, 그 말에 난 너에게 어떤 신뢰감을 가진 것이 사실이다. 그러나 서울대학교 입학은 쉬운 일이 아니다. 매일 고된 일만 하던 네가 가능하리라 생각하니?"

"사장님, 감사합니다. 시골이지만 중학교와 고등학교 과정을 야간으로 다니면서 항상 수석 졸업했습니다. 공부하는 시간이 늘 즐겁고 미래를 준비한다는 신념으로 밤에는 입학을 위한 준비를 해왔습니다. 도전한다는 것은 젊음의 특권이 아니겠습니까? 해보겠습니다."

"너의 꿈과 야망이 좋다. 그래도 합격도 어렵고 학비도 만만찮은데 걱정이 된다."

"감사합니다. 사장님."

효장은 서울대학교 공과대학에 원서를 냈다. 본고사를 보기 위해 들어서는 국립 서울대학교 마크가 가슴을 울렁거리게 했다. 나는 할 수 있다는 자존감으로 위압감을 이겨나갔다. 시험문제는 난이했지만, 풀어나가는 데 그리 어렵지 않았다.

합격자 발표 날, 효장은 서울대학교 합격자 발표 게시판 앞에 섰다. 합격이다. 눈을 비벼 몇 번이나 확인해본다. 틀림없는 자신의 수험번호가 합격자 명단에 이름과 함께 적혀있다. 그리고 며칠 후가 되자 합격통지서가 우편으로 날아왔다.

사장에게 합격 통지를 알렸다. 사장은 효장을 덥석 끌어안으며 축하한다고 연신 어깨를 쳤다. 회사에는 경사 났다고 전체 회식까지 시켜줬다. 직원들에게는 열심히 일하고 공부하는 자에게는 항상 길이 열려 있다는 말로 격려해줬다.

고향에서도 효장의 서울대학교 공과대학 합격 소문이 돌았다. 3개월짜리 핏덩어리가 부모 없이 겨우 목숨을 연명하여 경쟁률이 가장 높은 명문대에 입학했다는 것이다. 개천에서 용이 나왔다. 파천왕[1]이다.

서울대학교 공과대생이 된 효장은 학업과 일을 병행했다. 돈이 되는 아르바이트를 몇 군데 돌아다니며 등록금을 마련해야 했다. 남들은 대학 생활의 낭만과 동경의 시작이었을 프레시맨의 시작이었을 것이지만, 그럴 여유가 없었다. 사장님은 효장에게 수당보다는 지원금 형식으로 경제적인 협력을 해주었다.

대학 1학년이던 어느 날, 사장 부인이 방문을 노크하며 들어왔다. 사장 집에서 숙식하고 있었지만, 옥탑 방을 찾아오는 일은 그리 흔한 일이 아니었다.

"효장 학생, 부탁이 있어서 왔네."

사장 부인의 부드러운 목소리에는 약간의 쑥스러움과 수줍음마저 돌았다.

"예, 말씀하세요. 사모님."

---

[1] 당나라 형주란 시골 지역에서 과거 입신자가 태어난 데서 유래됨. 하늘이 내린 일이라 일컬음.

"유진이 말인데…."

유진이는 사장님의 무남독녀로 고등학교 2학년에 다니고 있다. 워낙 쾌활하고 친구 관계가 좋지만, 학교 성적이 그리 좋은 편이 아니었다.

사장 내외는 늘 유진의 대학 진학에 신경을 곤두세우고 있었다. 사장님 댁의 사소한 가정 불화는 언제나 유진의 학교 성적에서 시작되는 것을 효장은 눈치 채고 있었다.

"지금 성적으로는 대학 진학은 물 건너갈 것 같은 느낌이야."
"그 점은 저도 걱정이 됩니다. 방법을 찾아야 되지 않겠어요?"
"그래서 효장 학생에게 과외를 부탁하려고 왔어. 다른 아르바이트 하지 말고 우리 유진이에게 집중해서 하면 되지 않겠어?"
"유진이가 그렇게 할까요?"

"내가 어젯밤 이야기를 나눴어. 효장 오빠하고 공부하면 좋다고 그러더라."
"잘됐네요. 열심히 해볼게요."

사장 내외의 도움으로 공부하고 있던 차에 은혜에 보답한다는 의미도 있었지만, 유진이는 얼굴도 예쁘고 마음이 착한 여학생이었다. 과외를 시작하고부터는 어쩐 일인지 공부하는 습관이 잡히고 학교 성적은 놀라 보게 향상되어 갔다. 고3이 되고, 서울교대에 진학하게 되었다. 사장 내외는 효장에 대한 친밀감이 더해 아들과 같이 대했다.

효장도 4년간의 대학 생활을 마치고 국토청 공개채용에 우수한 성적으로 사무관에 합격했다. 이제는 사장 내외와 이별할 시간이 되었다. 직장과도 거리가 멀었고, 직업을 가진 성인으로서 독립해야 한다는 생각에서 삶의 자리를 옮겼다.

*

1974년 8월 15이었다. 광복절 기념식에서 문세광에 의해 육영수 여사가 피격되었다. 국가안보가 중시되던 시절 불행한 사건이 벌어진 것이다. 정부는 혼란에 빠지고 북한의 침략에 대한 불안감이 커졌다.

국토청에서는 전국의 도로망을 안보 차원에서 기획한다는 지침에 따라 직원들은 밤새 전국 지도와 씨름을 해야 했다. 기획부 과장을 맡고 있던 효장의 책임은 막중하다. 경부고속도로와 연계되는 동해안과 서해안, 남부지방의 영호남을 잇는 거미 망을 기획해야 한다. 현장조사를 위해 전국 곳곳을 다니느라 쉴 틈이 없었다.

가을이 익어가는 10월의 어느 날, 옛 사장님으로부터 반가운 전화가 왔다. 오랜만에 밥이나 한 끼 하자는 것이다. 반가웠다. 부모와 같은 사장 내외분을 만나는 것도 기쁜 일이지만, 선생님이 된 유진이를 본다는 것은 더욱 마음이 설레는 일이다.

과외를 하는 동안에 방긋이 웃어주던 얼굴은 어디서 본 듯한 포근한 느낌이었지만, 표현할 수가 없었다. 감히 주인집 무남독녀에게 흑심을 품는 것 같아 죄스러웠다.

퇴근길에 버스에 올라탔다. 영등포로 가는 효장의 마음은 고향 집으로 향하는 듯 감회가 남다르다. 카페에 들어서는 순간 온몸이 마비되는 듯 걸음을 멈추었다. 사장 내외와 함께 앉아 있는 아리따운 아가씨에 시선이 딱 멈추었다. 활짝 핀 6월의 장미처럼 눈이 부시도록 고혹적인 모습. 유진이다!

"안녕하세요, 잘 지내셨죠?"
"어, 이리 와서 앉게. 유진이도 함께 왔네."
"유진이, 안녕!"
"오빠도 안녕!"

찡긋 한쪽 눈을 감으며 손을 들어 답례하는 모습이 너무도 곱고 해맑다.

"요즘 바쁘지?"
"네, 무척 바쁩니다. 중간에 연락을 드리지 못해 죄송합니다."
음식이 들어왔다. 스테이크를 포함한 양식이었다. 잠시 식사를 하던 사장님이 말을 꺼냈다.
"사실은 유진이가 닦달해서 시간을 낸 것이네. 자네가 보고 싶다는 것이야."
"아니, 유진아."
"오빠, 와이셔츠에 넥타이를 매니까 너무 멋있다."
유진은 발그레 홍조를 띠며 효장을 바라봤다.
"효장이 자네에게 유진이를 부탁해야 될 것 같네."

"아니, 사장님!"

"사장이라 부르지 말고 장인어른이라 부르게. 그렇지? 유진아."

"아빠, 너무 심하다. 오빠 허락도 안 했는데…."

유진이는 얼굴도 기억하지 못하는 어머니의 모습일 것이다. 나를 낳아준 어머니도 이만큼 나이에 나를 낳고 세상을 떠났을 것이다. 유진이를 위해서라면 목숨이라도 내어 줄 각오가 되어 있다고 생각했다.

효장은 이듬해 봄에 결혼식을 올리고 한 가정을 꾸렸다. 효장에게 가정이란 특별한 의미이며 소중하고 커다란 선물이었다.

*

88올림픽이 성공적으로 끝났다. 김현미의 비행기 폭파사건으로 국가의 안보가 위기를 느꼈던 국가 행사였다. 세계인들이 한강의 기적이라는 신화를 남겼다는 대한민국의 발전상을 확신시킨 기간이다.

서울에서 부산까지 고속화되었고, 동해 서해 남해든 어디든지 일일생활권으로 편안한 교통으로 관광하며 곳곳의 명소들을 구경하는 모습을 티브이를 통해 보았다. 얼마나 자랑스러운가.

효상은 한상이 내려다보이는 창가에 섰다. 문어발처럼 뻗어있는 한강의 고가 다리들 아래 쏜살같이 달려가는 수많은 차들이 대한민국 산업화에 박차를 가하고 있는 모습을 본다.

지난한 시대의 아픈 상흔을 이겨내고 오늘의 번영을 이룬 이 나라가 자랑스럽다. 그 과정에 효정도 일부분의 역할을 했다는 자부심 또한 뿌듯하다. 하지만 흐르는 강물 속에 무언가 잊어버린 것 같은 허전함이 가슴을 죄어온다. 그것이 무엇일까.

"여보, 당신이 오늘따라 외롭게 보여요."

"글쎄, 무언가 잊고 살았다는 생각이 머리에 가득해. 그것이 뭔지 모르겠어."

유진은 효장의 뒤로 조용히 다가가 허리를 감싼다.

"당신, 고향을 떠난 지 얼마나 됐어?"

"고향! 고향! 그래 맞아. 고향이었어."

효장은 갑자기 뒤로 돌아 유진을 힘 있게 껴안았다. 그리고는 유진의 얼굴을 찬찬히 들여다보았다. 어머니, 어머니! 그리운 어머니의 모습이 유진의 선한 얼굴 위에 겹쳐 보이는 것이었다.

효장의 얼굴에는 눈물이 흐르고 있었다. 효장은 아내를 힘 있게 안으며 "어머니, 어머니"하고 울부짖고 있었다.

"여보, 내 고향 제주 애월로 갑시다. 거기에는 파란 하늘과 푸른 숲이 있는데, 그리운 그곳엔 어머니의 모습이 있고 늘 당신이 함께 있었어. 내 마음 깊은 곳에서… 내가 가서 보여줄게."

며칠 후, 효장은 제주 하늘을 날고 있었다. 하얀 구름 사이로 파란 물결이 손에 잡힐 듯 보이고 크고 작은 오름이 시야로 들어온다. 차창 밖 아스라이 조부모가 불러주던 효자동이 자장가 소리가 귓전을 때리고 있었다.

백년꽃 피는 연자못

진성구 제3수필집

초판 1쇄 인쇄 | 2023년 1월 10일
초판 1쇄 발행 | 2023년 1월 15일

지은이 | 진 성 구
주 간 | 이 현 실
발행인 | 김 영 만

발행처 | 도서출판 지싱의샘
출판등록 | 2011. 6. 8. 제301-2011-098호
주 소 | 서울시 중구 을지로 14길 16-11
전 화 | 02-2285-2734, 2285-0711
팩 스 | 02-338-2722

정가 15,000원
ISBN 979-11-6391-057-2

* 파본 및 잘못된 책은 서점에서 교환해 드립니다.